ハモニカ長屋の頃

―昭和二十年代の北浦和―

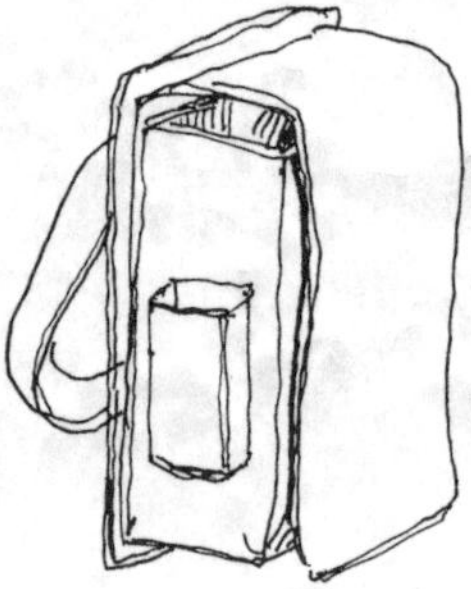

田中 薫

はじめに

昭和二十年秋から、北浦和で過ごした。中学生になるまでの約七年間、だからこれは北浦和界隈での生活記録である。私は四人兄弟、私とすぐ下の男子は戦時中の生まれだが、もう一人の弟と妹は戦後の生まれである。いわゆる団塊の世代、育ったのはハモニカ長屋。

したがってこれは、昭和二十年八月十五日前後からの北浦和駅を中心とした領家とその周辺での生活記録である。

ハモニカ長屋は、浦和市領家、浦高の下のグラウンド、野球場の片隅にあった。グラウンド南東の外側には、道路のわきに小さなお宮さんがあった。

そこは紙芝居を始め、さまざまなイベントが行われた子供たちの宝庫だった。そうした楽しい長屋から退去したのは昭和二十七年秋のこと、約七年間をここで過ごした。トイレは水洗ではなく、井戸は庭に掘ったもの。

その長屋で八人の先生方と、その家族が暮らしていたが、現在、大部分の先生方は鬼籍に入ってしまい、またその先生方の家族の方とはほとんどお付き合いがないので、それぞれの消息は全くわからない。

昭和二十七年からだと、すでに六十三年間、昭和二十年から数えると七十年間もたっている。ずいぶん長くたってしまったものだが、その間に世の中も私たちの生活も全く大きく変わってしまった。

そのかつての有様を報告しておくことで、この間の暮らしの変化について物語っておくことにしたい。

平成二十七年十一月

目次

装幀・イラスト　田中　薫

1　入間からハモニカ長屋へ

その昔、私はハモニカ長屋という長屋の住人だった。

ハモニカ長屋とは、私が小学生時代のほとんどを過ごした住まいにつけられたあだ名である。命名の由来はその形状からきている。

なぜハモニカ長屋といわれるようになったのかといえば、細長い安普請のバラックが東西に二棟、南に面して細長くずらっと並んでいたからである。その一棟には四世帯、四つの家族が入居していた。だから二棟合わせて八軒、八家族が住んでいたことになる。

この建物は最終的には、昭和三十三年頃に取り壊されてしまうまでずっと、浦和市領家の現在の埼玉県立浦和高校のグラウンド、といっても、第一グラウンドよりは一メートルあまり低いところにある野球場の南の端に建っていた。

そのハモニカ長屋の背中側にある広いグラウンド、それを挟んだ反対側、つまり、一塁側の方から眺めると、長屋の北側の窓が、左から順に、八つきれいに並んで見えた。

それを、ハーモニカのように、左から右の方へ順を追って行くと、ド・レ・ミ・ファ・ソ・ラ・シ・ドとなる。ね、ちゃんと八つあるでしょ、音階が。だから、これはハーモニカと同じなのである。ということから、みんな略して「ハモニカ長屋」と呼んだ。主として、高校の在校生を中心に、住民も近所の人たちもみんなそう呼んでいたのである。

その右手、北浦和駅により近いグラウンドの片隅には、昔は小さな森があった。森というよりは、雑木林といった方がよいか。そして、すこし小高くなったその林の中央の部分には、弓道場の建物が建っていた。

が、そこは、本来の目的として使われたことは戦後は一度もなく、その後、二十年たってあらためて校長として浦高に赴任してくることになる、小関一郎先生の家となっていた。

このハモニカ長屋は、実は浦和高校の教職員住宅なのであった。そして、多少メンバーに入替えがあったとはいえ、常時、八人の先生方とその家族が住んでいた。この長屋で生まれ育ったわが弟、妹を始め、さまざまな先生とその家族たち、住民たちがくりひろげた懐かしき思い出は尽きない。

さて、そのハモニカ長屋の住人としては、わが家が一番古い。たぶん、それは昭和二十年、日本が太平洋戦争に負けた年の秋のことだったと思う。

わが父は本名を田中一という。一と書いて、カズと読ませる。明治四十四年十月四日生まれというから、まあ、ギリギリ明治の男である。

彼が生まれたのは、当時、埼玉県入間郡元狭山村といっていた、現入間市大字二本木地区。正しくはニホンギだが、われわれの子供の頃はみんな「ニホギ」と発音していた。

オヤジの細かい経歴はよく知らない。あまり、自分のことを子供たちの前でベラベラと自慢気に語るタイプではなかったのだ。が、それでも、後に断片的に聞いた話を総合すると、高等小学校までは地元の元狭山小学校へ通ったが、当時は草深い田舎だったこの入間の里で畑や山林を相手に暮らし、一生この地に埋もれる気は全くなかったらしい。

その父、私から見れば祖父である田中宗吉は、その頃、元狭山村の村長だった。その妻、つまり一の母の名はお志加といった。一つぐらいは年上だったらしい。この人はわが兄弟にとっては、たいへん懐かしい人であった。お志加は体の大きな人だったが、宗吉は反対にとても小柄な人だった。

オヤジは、祖父母が結婚してからもしばらく子供がなかったところにやっと誕生した長男だったとかで、「蝶よ花よと、それはかわいがられて育てられたものだったんだよ」とは、ありし日の本人の弁。

当時の田中家は、南側の街道に面して店造りの建物があり、雑貨店を営んでいたが、敷地が約七百坪もある屋敷の中央には、一階が五十坪、二階も同じ大きさの、延べ百坪もある、大きな養蚕家屋が建っていた。

これは、関東地方一円に多い、明治初期の典型的な養蚕家屋のスタイルを持った建物で、一階は田の字型、というよりさらに部屋が多く、東半分のほとんどは土間だったが、西側には部屋が六つもあり、それを取りまいて南側から西側へぐるりと廊下が巡っていて、そこが住居部分になっていた。そして、その上部に全く同じスペースの総二階が乗っており、そこががらんとした大きな部屋になっていて、かつては蚕を飼う部屋として使われていた。

この建物は残念ながら、昭和五十年代に崩れはてて、そのままでは危険な存在になったので取り壊されてしまったが、わが四人の兄弟は、この建物が健在だった頃のことをみんなよく覚えている。といっても戦後は一度も蚕を飼ったことはなく、したがって、そうしたシーンを私も兄弟たちもこの家で見たことはない。

しかし、とにかく大きな建物だった。もちろん、オヤジが生まれたのもこの家。オヤジが生まれた頃は、女中は「上《かみ》の女中《じょちゅう》」と「下《しも》の女中《じょちゅう》」というふうに二通りいたという。つまり、「座敷の上がなわばりの人と、土間やお勝手専門の人とに仕事が分担されていた」ということらしい。それに加えて、畑仕事に従事する男衆が何人もいたという。つまり、下男である。そうした使用人が常時、十人以上はいたものだとか。

そんなわけで、やがて小学生となったオヤジが、たまに何かの都合でカナヅチなどを持ち出すと、使用人たちの誰かが、「ほれ、ほれ、坊ちゃん危ないよ」などといってすぐ取り上げてしまったという。だから、「子供の頃は釘一本打ったことがなかったんだよ」などとうそぶいていたことがよくあった。

たしかに、わがオヤジが大工道具などをさわっている場面は、一度も見た記憶がない。そして、そうした作業は後に、工作だけは得意だった小生の専門となる。

小学校時代、オヤジは近所の子供たちのガキ大将だったそうだが、不思議に成績だけはよかったらしい。そして、この草深い田舎から、浦和にあった師範学校へ入学する。埼玉師範である。それが十五歳の時。

それ以来、浦和市に住み、忍田美也子と結婚して、私たち四人の子供を育て、さらに満八十歳で平成四年四月二十一日に亡くなるまでついに、再び故郷に戻って、元狭山村二本木の住人となることはなかった。ようやく戻ったのは平成四年五月二十一日、つまり、先祖代々が眠る墓地に三十五日の法要を終え、納骨した日であったということになる。それ以来、生まれ故郷で永遠の眠りについている。

しかし、わずか数ヵ月間、妻子を連れてこのふるさとに戻っていた時期がある。それが終戦の年、太平洋戦争の敗色が一段と濃くなって、負け戦が誰の目にも判るようになってきた昭和二十年の春から夏にかけてだった。その頃、オヤジはすでに浦和中学の地理の教師で三十代。母と結婚して、私と弟と二人の子持ちだった。が、太平洋戦争ももう末期の頃、ついにベテラン教師にまでも召集令状がきて、「出征」ということになったのだ。七月六日に臨時召集令状がくる。その留守の間、母と私たち兄弟が祖父母のもとに疎開したというわけである。

オヤジが入隊した召集部隊は、東部第六二部隊浦和聯隊区指令部。が、もちろん戦場へ行ったことはない。なんでも「東京から伊豆の下田まで行軍していって、着いたと思ったらもう終戦だった」のだとか。

当時五歳ぐらいだった私の脳裏には、祖父を中心に、たくさんの近所の人たちに送られて出征していくオヤジの姿が焼きついている。「バンザーイ、バンザーイ」と、大声で叫ぶ歓呼の声の中、八高線の箱根ヶ崎駅から列車に乗って出征していったオヤジの姿が今でも目に浮かぶ。そして、その時携行していった、何人もの友人、知人が寄せ書きをした日の丸の旗をたしかに見た記憶が、今も鮮やかによみがえる。

しかし、次の場面はもう終戦後。なにやら、毛布や米、氷砂糖などの土産をたくさん持って軍隊生活から帰ってきた父親の姿である。その間、八月の終わりの頃まで、母と私と弟の潔が、入間の父の実家に疎開をしていたのだが、それからさらに三ヵ月した十一月中頃、ようやく浦和市領家のハモニカ長屋に引っ越すまで、わが家族はこの入間の父の生家で過ごしたのだった。しかし、母は「あの時が一番つらかった」といい、今でも時々こぼすことがある。

なぜつらかったかといえば、この家には祖父母だけでなく、お婿さんを貰った一番下の妹とその家族が住んでいたからである。そして、この妹の婿であるご主人は病弱だった。しかも、正さんというこの人は、終戦直前の昭和二十年七月二十八日に、三十六歳で亡くなってしまうのである。戒名は清徳院正覚玄秀居士。

すでにその時、彼には誠と孝という二人の男の子が生まれていた。しかも、終戦直後、父親の死のあとにもう一人、博が生まれるのである。その兄二人の方はわが兄弟とあまり年が違わない。そうした大家族の中での同居となれば、自分の子供の分だけでなく、その妹の子供たちの分まで、おむつの洗濯から家事全般が、兄嫁の仕事となってしまうのは当然だった。しかし、それでは、わが母も体力がもたない。もう明治の末とは違って、当然この時代には使用人などは全くいなかったから、余計たいへんだったようだ。

結果的に母は「こき使われた状態」になってしまったのだ。それにもう一つ、「将来の、おまえたちの教育のことだって心配だったんだよ」と、母は今でもよくいうことがある。「田舎にいたままでは、十分な教育を受けさせることはむずかしい」。そう考えた母の意思が反映したのかどうか、早くも、終戦の年の秋には、ハモニカ長屋への引っ越しとなったのである。幸い父は復員して間もなく、当時はまだ旧制中学だった「浦中」、つまり浦和中学の教師として復帰していた。しかし、当時はどこも当然のことながら、ひどい住宅不足。そこで目をつけたのが、グラウンドの片隅にあったこの長屋であったようだ。

この長屋はひどいバラック建築だった。なんでも、戦争の敗色が濃くなってきた昭和十九年八月頃、浦中の校舎に疎開してきた、糧秣廠《りょうまつしょう》で働く徴用工員が寝泊まりするために建てた宿舎だったらしい。浦和高校

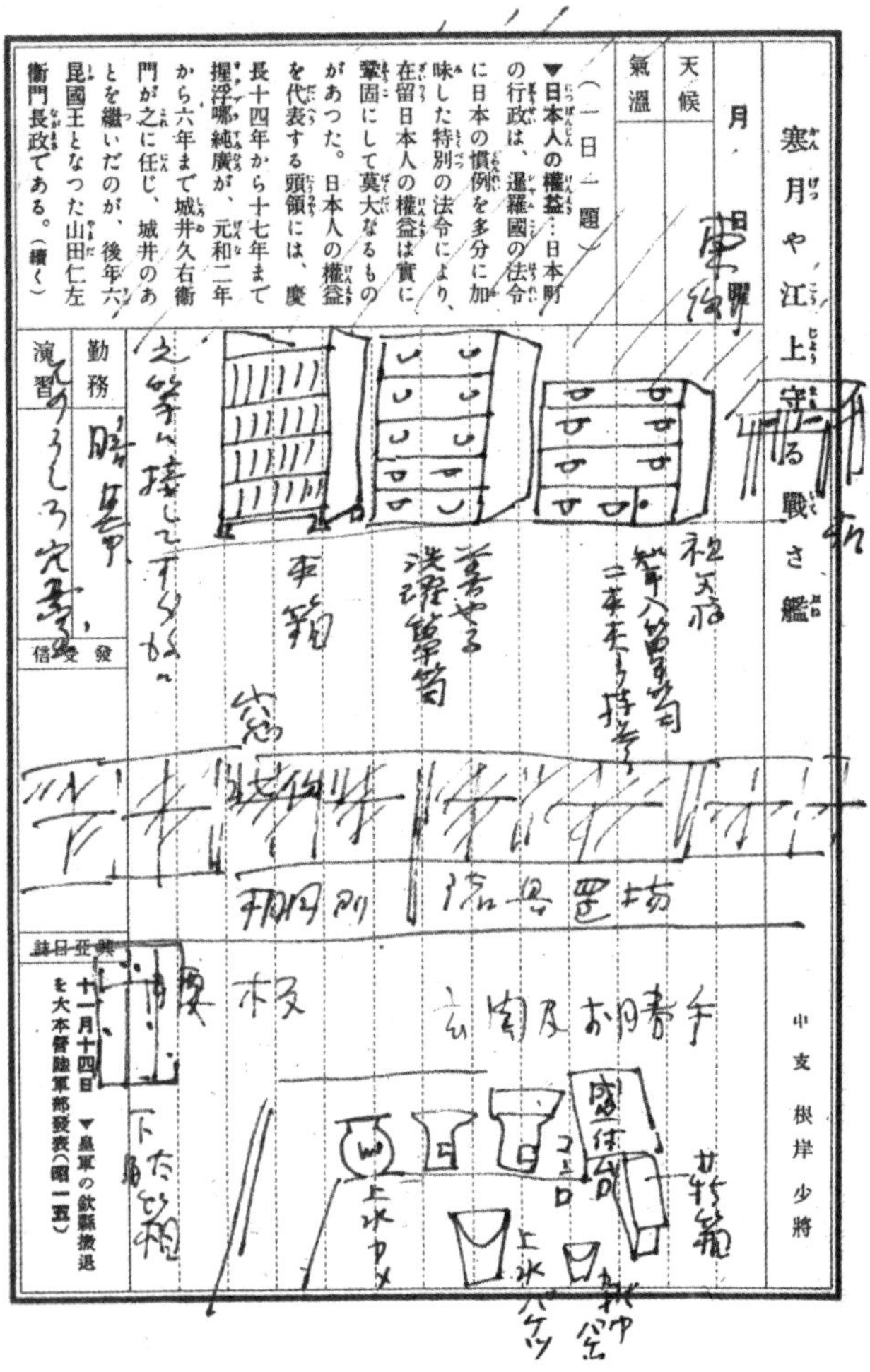

寒《かん》月《げつ》や江《こう》上《じやう》守《まも》る艦《ふね》

中支　根岸少將

月　日　曜

天候

氣溫

（一日一題）

▼日本人の權益：日本町の行政は、暹羅國の法令に日本の慣例を多分に加味した特別の法令により、在留日本人の權益は實に鞏固にして莫大なるものがあつた。日本人の權益を代表する頭領には、慶長十四年から十七年まで握浮哪純廣が、元和二年から六年まで城井久右衛門が之に任じ、城井のあとを繼いだのが、後年六昆國王となつた山田仁左衛門長政である。（續く）

勤務

演習

發受信

興亞奉公日

十一月十四日　▼皇軍の欽縣撤退を大本營陸軍部發表（昭一五）

18

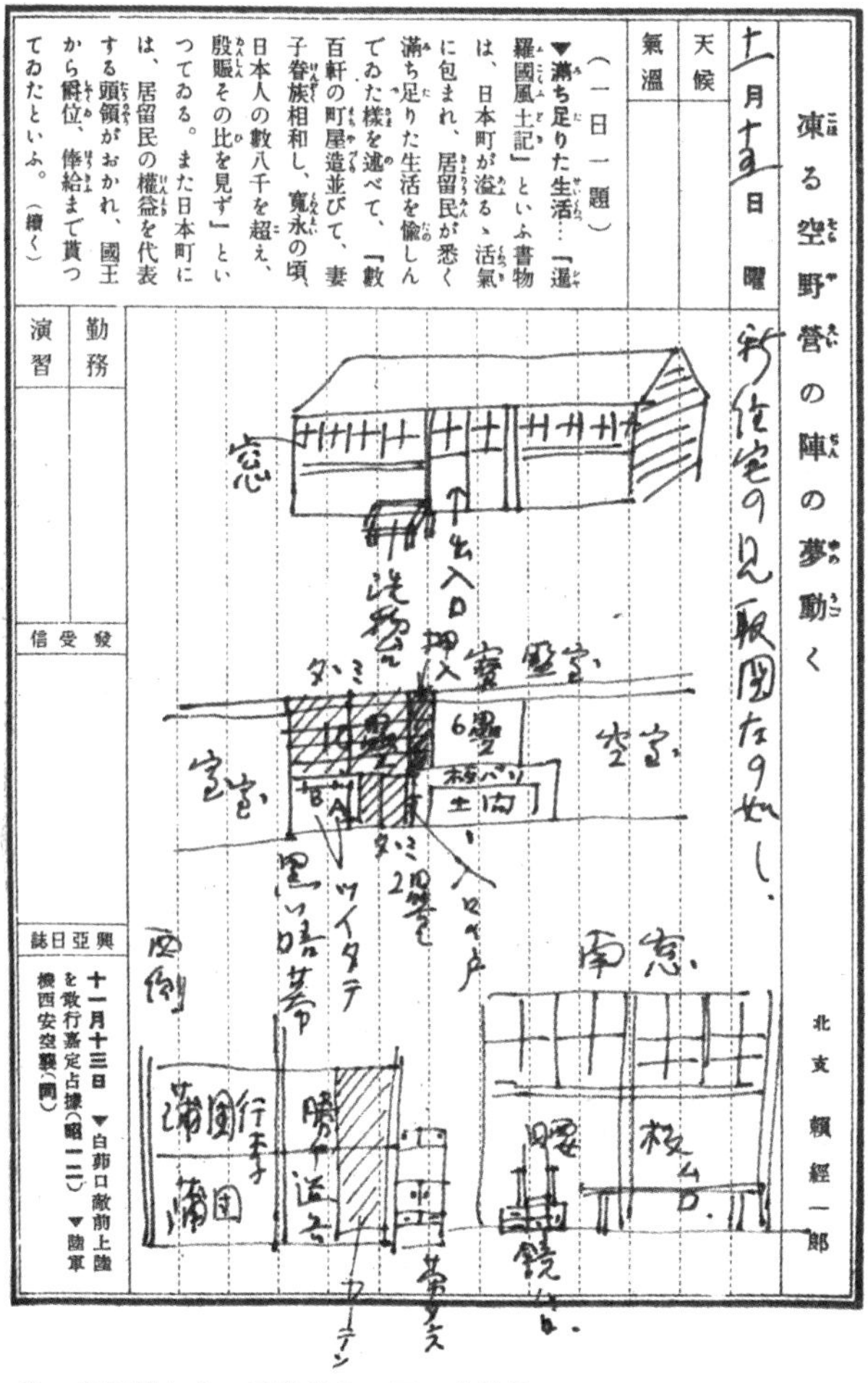

凍《こほ》る空《そら》野《や》營《えい》の陣《ぢん》の夢《ゆめ》動《うご》く
北支　頼経一郎
十一月十三日　日曜
天候
氣温
（一日一題）
▼滿《み》ち足《た》りた生活《せいかつ》…『暹《しや》羅國風土記《ふこくふどき》』といふ書物は、日本町が溢《あふ》るゝ活氣《くわつき》に包まれ、居留民《きよりうみん》が悉く滿《み》ち足《た》りた生活を愉《たの》しんでゐた樣《さま》を述《の》べて、『數百軒の町屋造《まちやづく》り並びて、妻子眷族《けんぞく》相和し、寛永《くわんえい》の頃、日本人の數八千を超《こ》え、殷賑《いんしん》その比《ひ》を見ず』といつてゐる。また日本町には、居留民の權益《けんえき》を代表する頭領《たうりやう》がおかれ、國王から爵位《しやくゐ》、俸給《はうきふ》まで貰つてゐたといふ。（續く）
勤務
演習
發受信
興亞日誌
十一月十三日　▼白茆口敵前上陸を敢行嘉定占據（昭一二）▼陸軍機西安空襲（同）
新住宅の見取図左の如し。

父一の日記から　工事前のハモニカ長屋

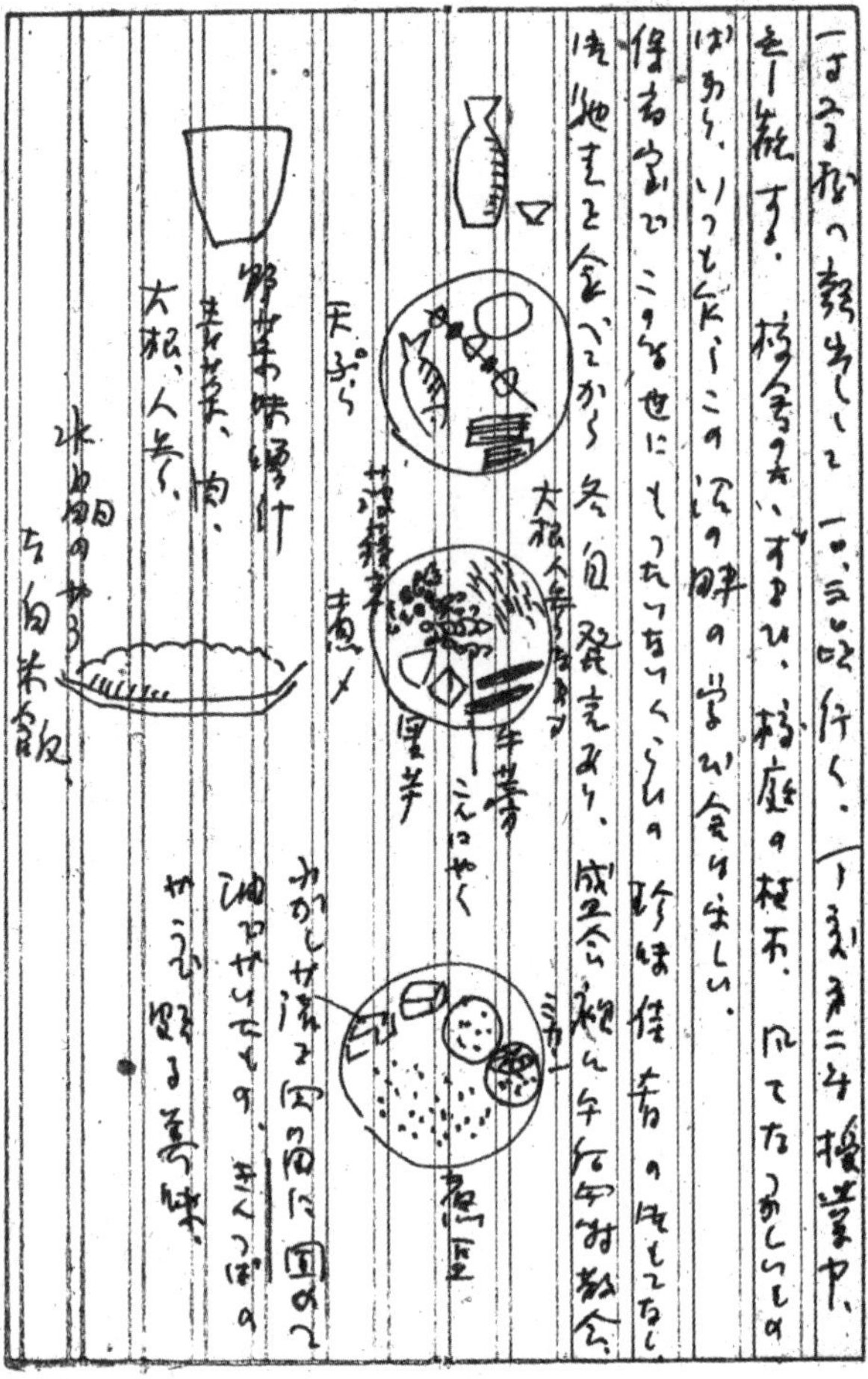

一は子規の葬出しとて一〇、三〇頃行く。丿刻第二年授業中、
主一寂す。柿右衛門、すまひ、柿庭の植木、風でなつかしいもの
ばかり。いつも来ここの店の味の当い食は佳しい。
保吉宅でこんな世にもつれつなくらいの珍味佳肴の馳もてなし
流弛まで食べてから冬瓜発見あり、盛合絶ん午后の勢会。

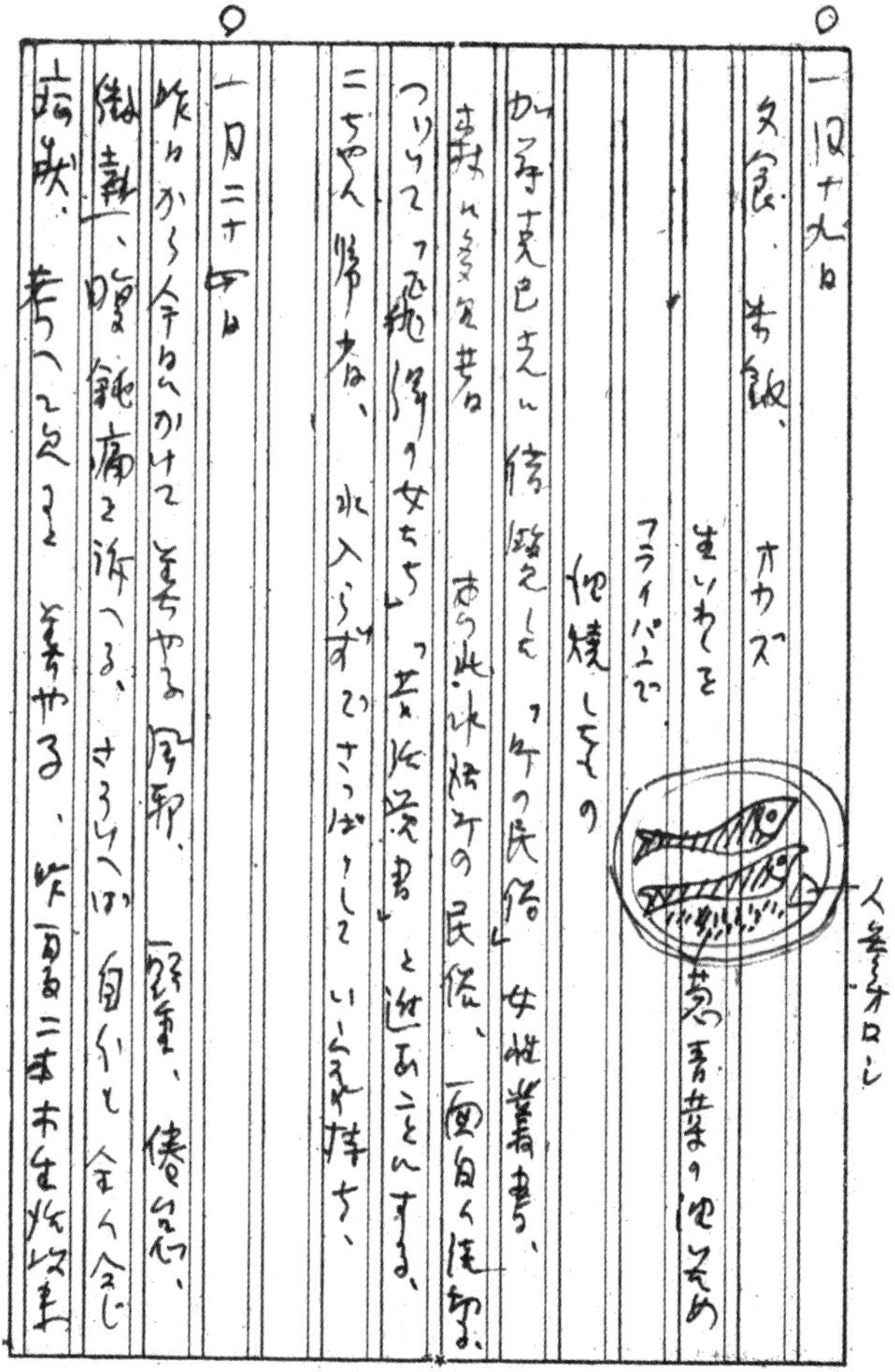
一月十九日
夕食、麦飯、オカズ
生いわしを
フライパンで
油焼したもの
人参オロシ
一月二十日

田中一の日記から　食べ物の絵が多い

の同窓会館に掲げられた学校史の年表の中に、「一九四四（昭和十九）年八月二十五日、陸軍糧秣廠東京出張所、本校校舎の一部を使用する」とある。

そして、わが家の入居後、だんだん住民が増えるにつれて、この建物にいくつかの工事が入り、なんとなく住宅として体裁が整っていく。その一部始終をすべて私は見とどけたことになる。けれども、その成り行きについてはもうすこしあとの話としよう。

その前に引っ越しの日のことを書いておきたい。

二本木から浦和まで、トラックの荷台に箪笥やちゃぶ台、鏡台、乳母車、張り板などのわずかな家財道具と、その他の荷物をあらいざらい載せて引っ越しをした日の情景をよく覚えている。

あれは当時、最も一般的なスタイルであったニッサンのトラックだったように思う。たしか、運転手さんは、みんなに「クンちゃん」と呼ばれていた人だったが、残念ながらその本名は知らない。その頃、元狭山地方に一軒、あるいはたった一台あったトラックであり、荷物を運ぶことを生業とする運送業者だったのだろう。

所沢から浦和に至る道路は現在とは大きく違う。浦所線（浦和─所沢）を始め、今では新しい幅の広い道がたくさんできている。が、当時は今とは比較にならないぐらい、細く曲がりくねった旧道がただ一本あるだけだった。

二本木から所沢までは、三ケ島《みかじま》付近にある中氷川神社や北野天神の前を経て、今は途中に早稲田大学人間科学部の新しいキャンパスがある、所沢と青梅を結ぶ街道を通過して行った。

このコースは現在とほとんど同じだが、その頃は全く舗装のされていない砂利道だったから、天気のよい日は路面がホコリで真っ白。車が通った直後は、もうもうたる土ホコリが舞い上がって、しばらくはあたり一面が雲の中。だが、この時代の道路状況はどこもかしこも、みんな同じようなものだった。

そして、道路にはしょっちゅう川原から運んできたばかりの砂利が撒かれる。そうした当初はゴツゴツとして車の乗り心地が極めて悪い。が、しばらくすると、砂利はだんだん道路の地面の中にめりこんでいく。しばらくして路面がなめらかになった頃、また再び砂利を撒く。そのくりかえし。それが、この時代の道路工事の典型的な一つのスタイルだった。というより、地方自治体もそれしかできなかったのだと思う。そんな時代だったのだ。

しかし、車は今とは比較にならないほど少なく、めったに対向車とすれ違いもしなかった。無事、所沢の町中を通過して、その後トラックは順調に浦和まで旧所沢街道を進んで行った。母と兄弟二人は運転台に、父は荷台にでも乗ったのか。当時は、今よりはよほどひどい曲がりくねった旧道だけだったし、途中の大きな川にはまともな橋はなく、荒川を渡る時などは土手を越えて川原まで下りて行き、水面のすぐ上にかけられた仮の土橋をおそるおそる、重量制限を気にしながら渡って行く。そんな状態だった。

こうして、志木、宗岡と通り過ぎ、荒川を渡って別所沼の脇へ。その頃、新国道と呼んでいた県庁脇の、今の国道十七号へ出た。さらに、大宮方面へ向かって進み、国道を右にそれて旧中山道へ入る。浦和橋を渡って、北浦和の手前から、かつて、なんでも屋の大きな店だった正直屋のあった裏手の細い道を抜けて、浦高裏通りへ入って行った。そして、浦和市領家の浦和中学のグラウンドへというコースであった。

通算でもせいぜい一時間半ぐらいで着いたのではないか。道路は未整備で悪路の連続ではあったが、車が少ない時代だったから、走れさえすればスムーズだった。

しかし、グラウンドの南のはじっこにある長屋の前には着いたけれど、学校のぐるりには高い金網の塀がめぐらしてあり、まず入口がなかった。そこで、塀の一部を壊して、ようやく荷物を運びこんだのである。だが、長屋の中はがらんとしていてからっぽ。間仕切りも何もない。広い板の間に、柔道場から運んできたとかいう畳が何枚か敷かれていただけである。

それでも、親子四人が水入らずで一つ屋根の下に生活する、わが家の戦後史の第一歩がこうして始まったのである。

2　幼稚園を中退、そして入間へ

ハモニカ長屋でのさまざまな思い出話を語るのは、もうすこしあとのことにして、それ以前の歳月についてふれておきたい。つまり、太平洋戦争の敗色がいよいよ濃くなってきた昭和二十年の七月頃までの話だが、残念ながらその時はまだ四歳だったので、きわめて断片的にしか、当時のことは覚えていない。

しかし、それでも記憶の底にある残像を思い出すままにつなぎ合わせてみると、まず判るのは、今では珍しくはないかもしれないが、私は「幼稚園の中退者であった」ということだろう。すこし不名誉な、しかし、貴重な体験の持ち主であったといえるかもしれない。ただし、その理由がである。

まだ戦時中だった昭和二十年四月十日、入園したのは埼玉県女子師範学校の附属幼稚園だった。そして、それは現在の埼玉大学附属中学校となっている場所と同じ、浦和市別所にあった。その頃住んでいた浦和市仲町の家から、その幼稚園へは歩いて通った。とはいえ、それは七月頃までのこと。三ヵ月余り通ったところで、すぐ埼玉県入間郡元狭山村の父の実家に疎開をしてしまったからである。七月二十九日に退園のあいさつ、必然的に幼稚園の中途退学園児となってしまったのである。

その幼稚園時代の情けないエピソードを一つ。後に父が時々この話を持ちだして、私をばかにしたこともある。それがちょっぴりくやしいのだが、恥をしのんで申しあげることにしよう。

その頃すでに父は浦中の地理の教師だったが、かつては師範学校を卒業後、川口市神根小学校をふりだしに、女子師範の附属小学校や、大宮の女学校の教師をしていたことがある。そして、それは四月の末、とにかく、幼稚園の運動会の日であった。たぶん、父兄というよりは来賓として招かれていたのだろう。

「あの時は新調のカメラを持って、息子の晴れ姿を写そうとはりきって出かけて行ったんだよ」と母親。

そうして来賓たちのために設営されたテントの中で、息子たちが登場する幼稚園の運動会の催しものをさりげなく眺めていた時のことである。となりの席にいた主事先生が、突然頓狂な声をあげて、

「あれ！　下駄をはいて走っている子がいるよ！」といったとか。

そこで、いわれた方をよく見ると、

「なんと、それがカオルじゃないか。あの時はとても恥ずかしくて、見ていられなかったよ。まさか、うちの息子ですともいえんしなあ」

しかし、考えてみれば、その時、私はまだ四歳と二ヵ月ぐらい。当時

としては珍しい二年保育のクラスに入ったばかりの頃だったのだから、まだ、大人びた分別を求めるのは無理というものである。それに履物事情だって悪かったのである。靴をはかせていかなかった親にだってすこしぐらいは責任があるのではないか。

とはいえ、もう子供用の靴など手に入らない時代でもあった。もっとも、走る時は裸足が当然だったのだが。

それに加えて母までが、今でも時折こういうことをいう。

「あの頃のおまえはね。幼稚園へ行くのがいやでいやで、一人ではなかなか行けなかったんだよ」

家の目の前の道を右折して百メートルほど西に行ったところに、新国道があった。今の国道十七号のことである。そこを渡らなければ、幼稚園には行かれない。今ほどの交通量はなく、自動車はたまにしか走っていなかった。そして、まだリンタクや人力車が健在だった頃の話である。

だから、リンタクも人力車も、母は浦和の駅から仲町の家までなどしばしば利用していた。そうした情景の記憶は今もある。

しかし、四歳の子供の身長から見れば、この国道十七号はとんでもなく広い。まず、そこを、一人でとっとっとっと渡っていかなければいけない。しかし、スムーズにはそれができなかった。

「おまえはね、後ろを、ふりかえり、ふりかえりね、とってもいやそうに、悲しそうな顔をして行ったんだよ」

それから、国道を渡ってすぐの路地を南に曲がって、高柳紀男ちゃんの家の前まで行く。そこで、「ノリオちゃん！」と声をかけて一緒に行くのが、いつもの通園パターンだった。だがその一声がなかなか出ない。そしてこの紀男ちゃんが、いつも出てくるのが遅れるのである。その間、ずーっともじもじしているだけ。

「ほんとに、おまえは、情けなかったねえ」などと、母は今でもたまに感無量のような顔をしていうことがある。

そんな状態だったから、幼稚園で何を習ったのか、遊戯も歌も全く覚えていない。そして七月には、早くも疎開のため中退してしまったのである。その後再び、小学校で同級生となり、今でもつきあいの濃い瀬島孟君や永堀健哉君たちと一緒だったのだが、彼らの名前をしっかりと覚えていたのは母の方であり、本人には長いこと全く記憶がなかった。したがって、ずーっとあとになって小学校で再会してからも、彼らに「幼稚園で一緒だったよね」と同意を求めると、きまって、「君なんかいなかったよ」といわれてしまい、ショックを受けたものである。しかし、私は間違いなく入園はした。けれども途中で消えた、中退者なのである。

たぶんこの幼稚園で習ったと思われる歌の一つに「金魚の昼寝」というのがある。それはたしか、こんな歌詞だった。

赤いべべ着た　かわいい金魚
おめめをさませば　ごちそうするぞ

この頃、わが家の脇、西側には防火水槽があった。それと並んで、大きな木製のゴミ箱があったことも懐かしい。実は、この仲町の家は私と弟の生家なのである。そして、その家は昭和六十年頃までは、たしかに昔のままの姿で建っていた。その後、わが家がこの家に住んだことはなかったけれど、何年かに一度、自転車で散歩がてらに浦和の街へ行った折など、この家の前を通って、しっかりと、昔のままの姿であるのを確認すると、とてもうれしかったものである。

しかしある時、その建物は突然消えていた。そして、その跡にはアパートが建っていたのである。かくて、わが生家は今はない。

「オレとオマエ（弟）が偉くなれば、『田中氏兄弟生家跡』と書いた石碑が建ったものだったのにねえ」。わが兄弟は、時折そんな冗談をいいあって、往時を懐かしむのである。

しかし、一戸建ての家であったとはいえ、母はこの家にあまりいい印象は持っていなかったようである。

「あの家は、まるで北極だったものねえ」などという。手前に、つまり家の南側の本来なら一番日当たりがよくてはならないはずの方向に、深谷さんという歯科医院があって、その建物が影になり日当たりがとても悪かったのだ。その北側の細い路地の奥に、引き違いの木戸があった。家は中廊下式で、前後左右に部屋が並び、南から西へ廊下が巡っていて、その奥に突き出すように便所があるという、この当時の典型的なスタイルの住宅だったが、最大の欠点は、前の歯科医院の建物が大きすぎて日陰になってしまい、日当たりがすごく悪かったことである。

「だから洗濯ものの乾きも悪かったしねえ」といって、母は嘆くのである。

　そしてとなりは『桜湯』という名前の銭湯だった。ずーっとあと、つまり、それから二十年以上あとになって、家内と結婚した時、仲町時代の家の話に及んだら、

「私、その銭湯に行ったことがあるわ」というので、驚いてしまった。

　彼女は、育ったのは東京都大田区だが、両親の出身地は埼玉県の本庄市。そして、母親の妹が二人、浦和市に嫁いでいた。そのうちの一人、浦和市別所にあった、姉の方の伯母の家に預けられていたことがあるのだという。ちょうどそれも、終戦前後の頃のことだったとか。ということは、もしかして幼少のみぎり、妻と私はすでに会ったことがあるのかもしれない。とすれば、まあ、一種の幼ななじみ。別にのろけるわけではないが、結構縁とか因縁というものはあるのである。

「おまえはこの家で人さらいにあって、さらわれたことがあるんだよ」

と、母はおだやかでないことをいう。三歳頃のことだったそうである。

祖父は村長だったので、陳情などがあったせいか、埼玉県庁へ来ることが多かった。そうした折は必ずこの長男の家に立ち寄った。なにしろ、この家と県庁は徒歩で三分ぐらいしか離れていない。

ある時母は、たまたま来ていた祖父に、「ちょっと、買い物に行ってきますから、カオルを見ていてくださいね」と頼んで、町まで買い物に出かけたそうである。用事をすませた母が帰ってきて、「カオルは？」と祖父に聞いたら「あれっ、いない」。

さあたいへんである。失跡してしまった。祖父が目をはなしたスキに消えてしまったのだ。「とにかく警察にとどけなくちゃ」と大騒ぎ。

近所の人が電話で問い合わせると、なんと、該当する年格好の男の子がいるという。それも、背中に人形を背負って。誰か、近所の子とままごと遊びでもした名残なのだろうか。とにかく、警察に保護されていたのだ。

しかし本人には、この一件は全く記憶がないのだから、いきさつも本当のところも、今もってわからない。

さっそく自転車でひとっ走り、引き取りに行ってくれた近所の人が警察署で聞いてきた話を総合すると、たまたま家の前を通りかかった親切な人が、迷子と間違えて警察署へ連れて行ってしまったのでは、ということだったらしい。

「何を聞かれても、ろくな返事をしなかったオマエが悪い」と、母は決めつけるのだが、三歳ぐらいでは、それは、まあ無理だよなあ。

それにしても、まあ、よかった、よかった。

疎開する直前の頃は、ずいぶん戦火も激しくなってきて、日本中があちこち空襲にみまわれてたいへんだったようである。しかし、幸いなことに、浦和市はまだ爆撃を受けていなかった。けれども、空襲を避けるためといって、土合村の田んぼの方まで、乳母車に弟を乗せて、母と私と三人で逃げたことが何度かある。夜、国道十七号を渡る時、東京方面の空が真っ赤になっていたことがしばしばあった。そんなかすかな記憶がある。

後に本などで読むと、五月に東京の下町が大空襲にあったそうである。あるいはその頃のことだったのか。まあ、当時の日本人が全国各地、あるいは外地でいかに苦労させられていたかが、今になってみればよくわかるけれども、四歳の子供にとっては、そんなことは何もわからなかった。

私が生まれたのは、昭和十六年三月十四日。暮れの十二月八日、真珠湾攻撃によって、太平洋戦争が始まった年である。そして、弟の潔が生まれたのが、昭和十八年七月十七日のことである。

したがって、戦争の記憶そのものは、私も弟もあまりない。それでも、たとえば戦闘帽、防空ずきん、防火水槽、回覧板。バーモー長官。※空襲。防火演習、などなど、戦時用語で覚えている言葉はいくつもある。そして、それが、何をさしているのかもおぼろげにはわかる。けれども、やはり、戦争そのもののことは今もってよくわからない。

再び、二本木に疎開していた頃の話に戻ろう。それは、八月十五日よりも、十日ぐらい前の話であったろうか。天気のすごくよい、夏の暑い日、祖父と母と、弟を乗せた乳母車を押して、箱根ヶ崎の方へ歩きだしたことがある。けれども、ものの十分もしないうちに、突然、上空を飛んできた飛行機からバラバラッと、機関銃の弾が飛んできた。機銃掃射を受けたのである。あわてて乳母車をほうりだして弟をかかえた母と祖父と私は、家まで逃げ帰り、土蔵の中に逃げ込んで、小さくなって震えていた。すでに、このへんの空まで、日本軍の制空権はなくなってしまっていたようである。

もう一つの思い出は、大雨の日のこと。その時は、川越市上松原の母の実家に、やはり母と弟と三人で行った帰り。遅くなって、ようやく八高線を経由し、箱根ヶ崎の駅までたどりついた。が、二本木の家までは、そこからは二キロもある。暗い夜道をとても、乳母車を押しては帰れない。というわけで、駅前の自転車屋さんに頼み込んで、土間に泊めてもらった。あの時の冷たいふとんの感触を今でも思い出す。

それでもその自転車屋さんには親切にしてもらった方である。そして、一夜があけた。ところが、その日は大雨。しかたがない。三人でまた、乳母車を押しながら、とぼとぼと大雨の中を、二本木まで帰ったのである。たまに脇を通り抜けて行くトラックがはねあげる水しぶきで、びしょびしょなどというものではない。三人ともずぶぬれになって、ようやく二本木の家にたどりついたのだった。あの日のことは、今も忘れられない。

とはいっても、あとになって知った満州からの引き揚げ体験者などの苦労話と比べれば、それほどたいした苦労とはいえない。しかし、その時は、後に残留孤児などという、悲劇的な人生を歩む同胞がいたことな

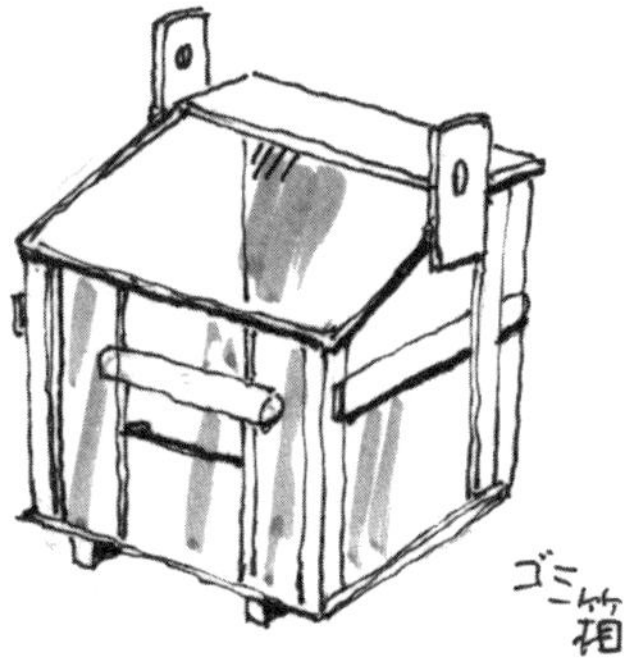

ど、私たちはみーんな、全く知らなかった。

ところで、この時活躍した乳母車は、単に幼児を乗せるというだけでなく、実家から拝み倒して貰ってきた食料品などの貴重な運搬道具として、当時はなくてはならない必需品だったのである。したがって、ずいぶんあとまで、この乳母車は何かにつけて、わが家のために、大活躍をしたのである。

※ビルマ（現ミャンマー）の独立運動家。日本軍の南機関はバーモーを中央行政府長官に据えビルマに軍政を敷き、一九四三年八月、ビルマ国の独立を宣言。一九四五年八月、日本へ亡命し、新潟に身を潜めた。

3　長屋完成以前と住宅改造工事

後に、『ハモニカ長屋』と、やや侮蔑の意味をこめた愛称で、浦和高校の在校生や近所の人たちから呼ばれるようになったこの長屋だが、いつ頃からわが家の家族が入居したのか、正確な日付ははっきりしない。父の浦中・浦高在職期間は、記録によれば昭和十七年十月三十一日から昭和二十七年六月三十日までとなっている。

だから引っ越しはたぶん、昭和二十年十一月の中頃のことだったと思う。しかし、その時はまだ、この建物は教員住宅として整備される以前の状態だった。

この建物は、戦争末期の昭和十九年頃、疎開してきた陸軍が建てたと

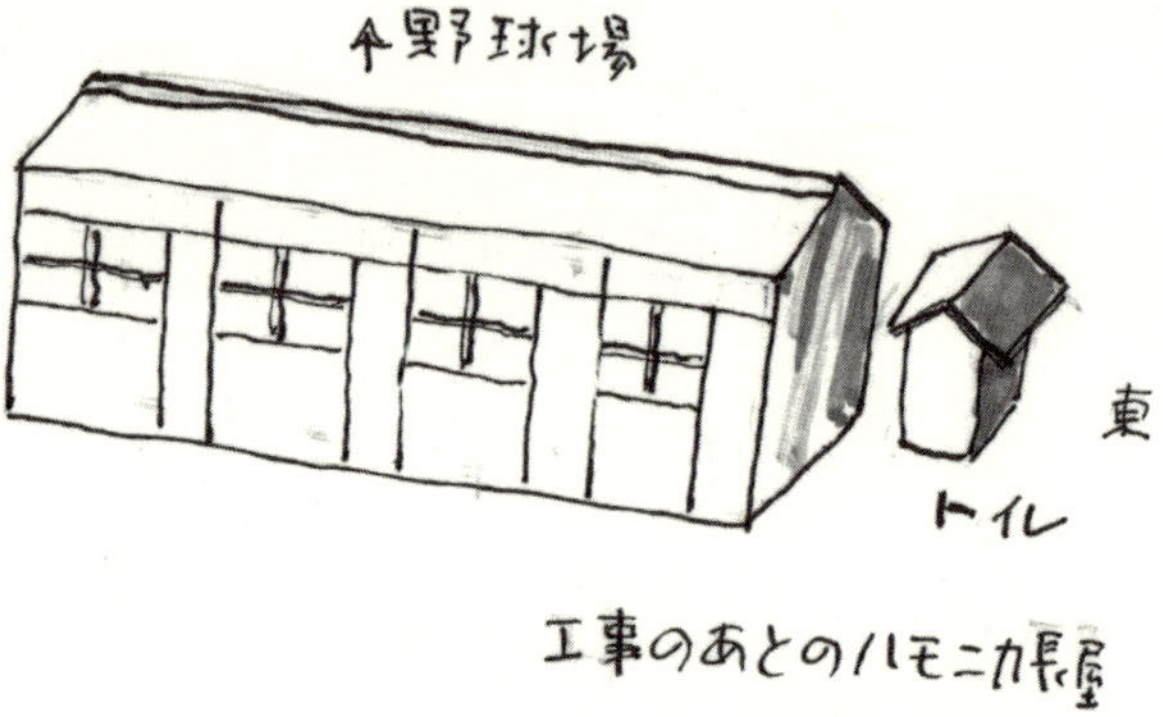

される糧秣敞の建物だったのである。その工員たちが宿泊するための施設として、にわかに建てられたものだという。何か布製品などを作るための作業などに、校舎の方が使われたものらしい。そして作業要員はこの長屋から通ったようなのである。

　この長屋の建物は最初は南側の道路、浦高裏通り（北宿通）に向かって、前後南北に二棟が、並んで建てられていた。その片方を南西の方向に移動させたのである。そして、それから大工さんたちの手が入り、さらに何度かの追加工事がくりかえされて、しだいに、教員用の住宅として改造されて、

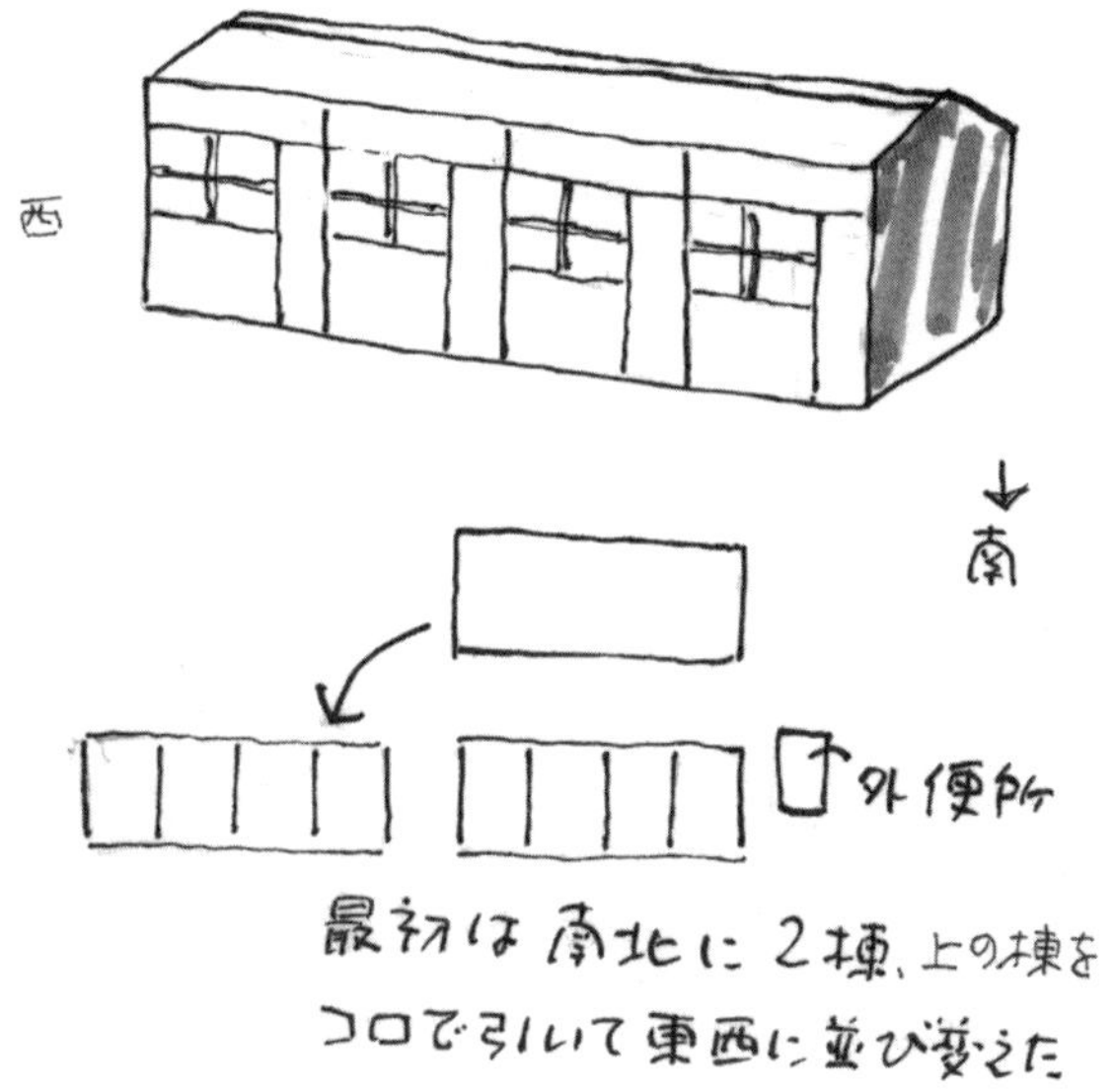
西
南
外便所
最初は南北に2棟、上の棟を
コロで引いて東西に並び変えた

住宅らしく整備されていった。

実際、この時代は全国的に住宅不足が深刻で、たとえば、浦和市内でも北浦和小学校の脇には、われわれが『汽車の家』と呼んでいた、列車の客車を改造した住宅などもできていたし、それはかなりあとの時代まで残っていた。また、バスの廃車を利用して、まがりなりにも住宅といえる程度に改造した『バスの家』などというものもあった。

要するに屋根と壁さえあって雨露がしのげれば、上出来という時代だったのである。

その、ハモニカ長屋が建物ごと移動した日のことを、かすかに覚えている。

ある日、あれは仕事師というのか、今の鳶職の人たちだったのか定かではないが、たくさんの人がきて、その工事が始まった。

まず土台と建物を切り離し、建物全体を持ち上げ、移動するルートの方向にレールのように平行して何枚も幅広の厚い板を敷く。そして、四方からジャッキで持ち上げた建物全体を浮かせて、その間にコロという断面が丸い木の棒を何本も入れる。一方、建物には何本ものロープを結びつける。そして、綱引きのようにたくさんの人がその縄を持って並ぶのである。そして、リーダーの号令に合わせて、少しずつ引っ張る。こうした時は、通常ヨイトマケの歌が唄われた。そうすると、歌に合わせて建物はわずかずつだが、全体が動いていく。

建物が通過したあとの、レールとして使われた板とコロはすぐ別の人によってはずされ、拾われて、少し前の進行方向に急いで持っていかれ、再び置かれる。いわばレールが継ぎ足されるのである。そうした作業を何度も何度もくりかえして、建物用にあらかじめ新たに土台だけ作ってあった、移動予定の位置まで運ばれて行く。

こうして目的地まで、無事、建物が移動をし終わると、再び慎重に土台と建物が太いボルトでジョイントされて、この建物全体の引っ越し作業は終了する。だいたい天気のよい日の一日仕事であった。ハモニカ長屋の場合は、その移動距離は百メートルにも満たなかったが、近所にあった別の家などの場合は、道路を隔てて、数百メートルも移動させてしまった例を目撃したこともある。

この時代、家の売り買いの方法の一つとして、もともと完成している上物だけを売買し、そのまま、買い手である土地の所有者の敷地まで、このようにして移動させてしまうという例は、ほんとうにいくつもあった。今では信じられないことをやっていたのである。こうした作業は、「ジャマだ！　ジャマダ！」と、どなられながらも、おそるおそるその一部始終をずっと見続けていた少年の目には、とにかく楽しい一大イベントだった。

こうして移動を終えたあと、ようやく一棟を四軒に分けて壁を作り、部屋をいくつかに分け、畳を敷くという本格的な住宅化工事が始まった。それ以前、つまり、わが家が入間市二本木からトラックで荷物とともに引っ越しをしてきて、新居に落ち着いたばかりの時にはまだ間仕切りはなく、水もなく、トイレは外便所であった。そして、建物の出入り口は北のグラウンドの方を向いていたものである。

建物の中はだだっ広い板の間、その上に柔道場からオヤジが自分でリヤカーで運んできたという畳が何枚か敷かれていた。しかし、広いままではなにぶんにも寒い。しかも天井などというシャレたものもない。天井裏まで吹き抜けだったのである。したがって、すうすうと隙間風が入り、それはそれは話にならないくらいとても居住性が悪かったのだ。

そこで、困ったオヤジは部屋のまん中の空中に太い針金を南北に張り、その上からシーツのような布を縫いあわせて垂らした。それで、ようやくなんとか、まあ、隙間風もすこしは防げるようになって、部屋のような体裁をなしてきたのである。

その時はまだ、この長屋には井戸も水道もなかった。水源はただ一ヵ所。約百メートルほど離れた野球場のはじに、コンクリート三段ほどの観覧席が設けられていたが、その上に一本だけ水道があった。その蛇口が、唯一の水源だったのだ。父と母は最初はバケツを両手に下げて、水を汲みにそこまで通った。当時はまだ五歳だった私には、それは無理な仕事だったので、水汲みをさせられた経験はなかった。

昭和二十年の後半はまだ、この野球場は野球場としては全く使われておらず一面が畑となっていて、いつもサツマイモを始め何がしかの作物が作られていたもので、その畑仕事の名残がいつまでもくっきりと残っていた。

その頃のトイレは長屋の本棟とは別に、昔学校などによくあった細長い外便所で男用と女用とに半分ずつ分かれていた。したがって、催すと夜中でもそこまでパンツいっちょになって走って行くのは私。とにかく寒くて、夜中などはとても怖かった。その頃、弟の潔はまだ二歳。外便所へ行くのは無理だったので、たしか、広い板の間の片隅に置いてあったブリキ製のオマルを使っていたことを覚えている。

住宅としての間仕切り工事は、昭和二十二年になってすぐ始まった。

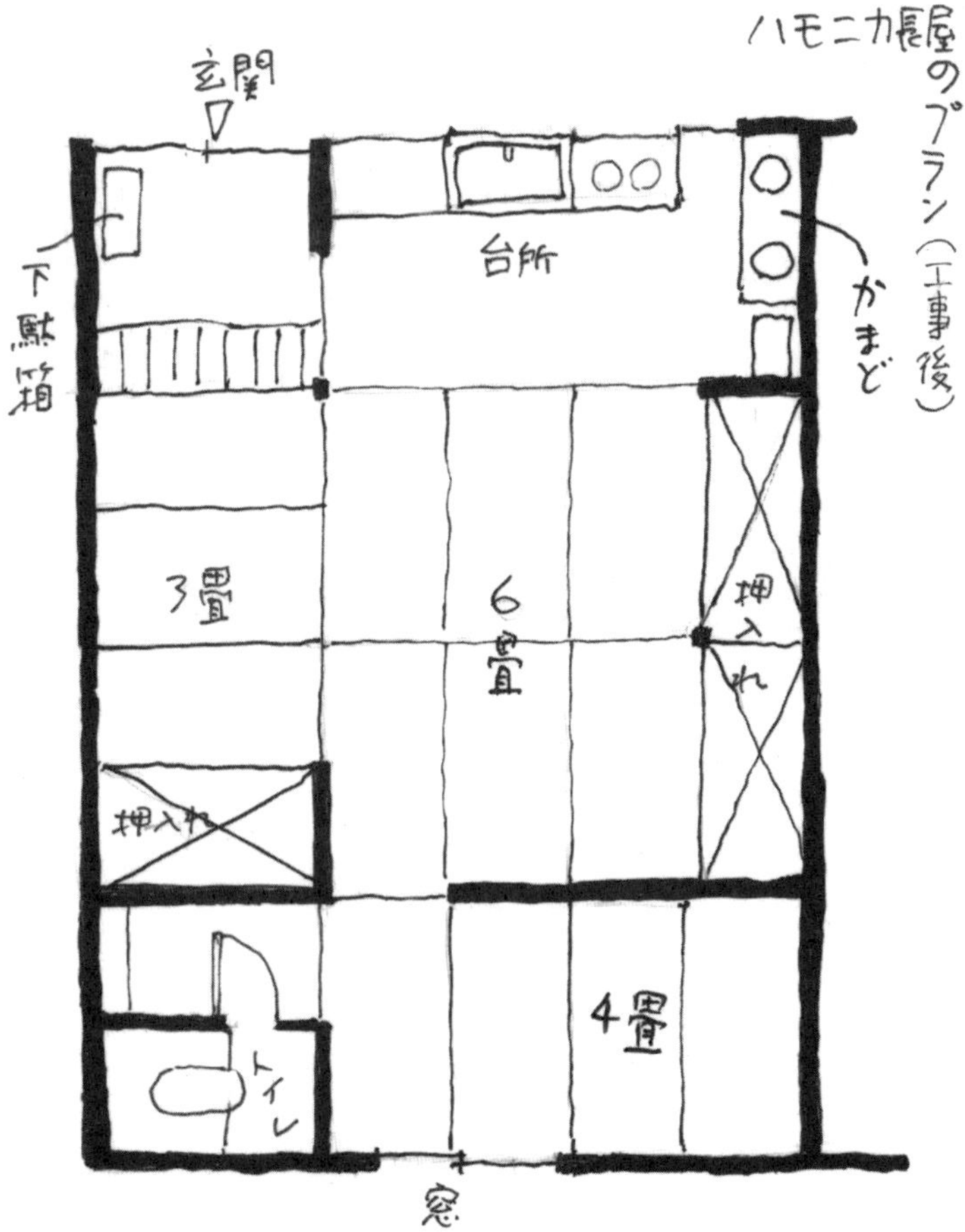
ハモニカ長屋のプラン（工事後）
玄関
下駄箱
台所
かまど
3畳
6畳
押入れ
押入れ
4畳
トイレ
窓

平面図はだいたいどこも同じ。南面の東端が玄関。そのとなりが出窓のある茶の間、そして西側の端が台所。その奥に畳の部屋が三つあった。一番北側は納戸ふうの部屋となっていて、北側の壁に一間幅の引き戸の窓がつけられた。そして北東の隅が便所。これは、もちろん下に大きな瓶をいけた汲み取り式である。北側には小さな汲み取り口がつけられた。

さて、いつ、どの先生がどんな順序で、このハモニカ長屋に引っ越してこられたかは、正確には覚えていない。けれども数年後には、東から順にドレミファソラシドの方向へ、わが家、柴崎亮先生、荒木壮三郎先生、池田文雄先生（後に、竹内雄也先生に変わる）が東の棟の住人。西の棟に移って細田懋先生、桐山一隆先生、金子武先生、黒田清次先生一家という順番となった。

わが家の次に引っ越ししてこられたのは、荒木壮三郎先生である。先生はその時まだ独身であった。その後、高校二年生になった時に、授業で国語を教えていただくことになるのだが、その頃はもうなんとなくおたがいに照れ臭く、先生が授業で私を指して古文の解釈か何かで質問されたのは、たった一回だけであったと記憶している。その先生がハモニカ長屋に越してこられた時は、まだこちらは入学以前。親しくお話した記憶はほとんどない。

ただ一つ、その頃の荒木先生の思い出で忘れられないのは、月の美しい夜、安楽椅子のようなものを庭に持ち出して、そこに座って、バイオリンをよく弾かれていた先生の姿である。しかし、曲目も、その腕前もどのくらい上手であったかは、全く覚えていない。もう一つの印象は、何かの折、先生の部屋へ入らせてもらう機会があったのだが、その時、部屋の真ん中に敷かれたふとんがあって、その周りがおびただしい本の山であったこと。そして、その周囲につもったホコリが、なぜかすごかったという記憶がある。人はつまらないことを、何十年も覚えているものである。

先生、余計なことをいってごめんなさい。

残念ながらこのハモニカ長屋には風呂はなかった。そこで銭湯まで通ったのである。といっても、当時、北浦和駅界隈にはまともな風呂屋はほとんどなく、電車に乗って浦和まで銭湯に通った。そんなことが何度もある。

その頃よく行ったのは、裏門通りの玉蔵院の近くにあった稲荷湯。ここは、庭が美しく、いい池があって、大きな赤い金魚がたくさん泳いでいた。その印象がとても鮮やかに記憶に残っている。もう一つは、駅に近い高砂湯。ここは、数年前までは昔のままで、その後もずっと営業を続けていたが、道路拡張のためか消えてしまって、その銭湯があった場所は今ではちょっとしたイタリア料理のお店になっている。今はさらにアジコという食べ物屋だ。

小学生になる前だから、六歳の頃か。家族で入浴中に、私のパンツが盗まれてしまい、しかたなく腰に手拭いを巻きつけた、情けない姿でハモニカ長屋まで帰ったという経験をさせられたのも、この風呂屋でのことである。この時代は、出来心によるコソドロ事件がとにかく多く、「気がついたら何かがなくなっていた」などということは、日常茶飯事だった。

ほかによく行った銭湯は、浦和橋の向こう側の常盤町の常盤湯。そして、北浦和駅前の平和通りにも、平和湯があった。けれども、ここはいつでも混みすぎていて、なかなか満足に入れなかった。そこで、あちこちの銭湯の遠征をするというハメになったのである。

その、浦和橋の向こうにある風呂屋へ行ったある日のこと。帰りに橋の上付近で、うっかりして私が小さなブリキのバケツを落としてしまった。それが、ころころところがって、あわれ、橋の真下へ。そこは急な崖になっていて、高さも三十メートル近くある。その線路の中にコロンと入ってしまった。取りに行くには、下の踏切まで下りて行って大きく迂回しなければいけない。しかし母は、

「潔をしっかり見ていてね、動くんじゃないよ！」といって、背負っていた弟を背中から下ろすと、敢然としてはるか遠くの踏切まで大回りをして取りに行ったのである。

「おまえ、あの時は途中でゴーゴーと列車が通るし、とにかくおっかなかったんだよ」などと、今でも突然思い出したようにいうことがある。今なら、そんな物は捨てたままだろう。しかし、それほど物資が少なかったのである。オモチャのような小さなバケツ一個でも、とにかく貴重品だったのだ。こんな物でも、一度手放してしまったら二度と手に入らないのではと思える脅迫観念のようなものが、この時代にはあった。

そのハモニカ長屋に、井戸ができたのはいつのことだったか。おそら

く、昭和二十二年の始め、つまり、長屋の間仕切り工事をした頃と、そう日は隔たっていなかったに違いない。

建物と道路に面した塀の側に、東と西に二ヵ所、ある日、井戸掘の職人が来て、井戸掘工事が始まった。数人が交替でスコップで穴を掘り下げて行く。だんだんとしみ出てくる水で震えている、フンドシ一丁の職人はすごく寒そうだった。

そして、ある程度の深さに達するとコンクリートの輪をはめて、壁がくずれないようにする。かれこれ四、五メートルも掘ると水が出てくる。そうなるとその上に板を渡してふさぎ、ポンプを据え付ける。そしてその上には、雨の時も濡れないように四本柱の上にトタン屋根で覆いをかけた。こうした工事が行われたあと、父と母はようやく、グラウンドの向こうまで水汲みに行かなくてもよくなったのである。

ところが母の話では、この二つの井戸は水質が全く違っていたのだという。残念ながらわが家から近い方の井戸は低地にあり、その昔は田んぼだったところらしく、いつまでも水が濁っていてとても水質が悪かったようである。それに引き換え西側のそれは、少し小高いところにあり、「祠堂林」といっていた森のあった台地のはじっこであったせいか、はるかに水質がよく、飲み水や料理など飲食に使うための水としては、いつも、遠い方の井戸までわざわざ汲みに行って使っていたものだという。

この頃はまだまだ食料不足で、買い出しの全盛時代だった。オヤジは日曜となると上尾や桶川の方まで買い出しに出かけて行っては、サツマイモなどを手にいれてきたが、当然、それだけでは育ち盛りの男の子を育てるにはとても足りない。

そこで、長屋の前や東側の脇などを耕して畑にして、いろいろなものを植えた。ナスやトマト、いんげん豆、とうもろこし、菊イモなどさまざまな作物を作ったことを思い出す。ちょっとした家庭菜園だったが、それは、今のような道楽気分での耕作ではなく、われわれの空腹を満たす重要な食料供給源だったのだ。この時の父母の苦労を見た者としては、「家庭菜園はすばらしい」などと気楽にいう最近の若者の気がしれない。

一方、西側の野球場より一段と高くなった運動場の上には、この頃はまだ戦時中の面影が色濃く残っていた。人が乗って回転する大きな車輪などの訓練用運動具などがあったし、夜は探照灯が輝いていたような気がする。そして、空はきれいで、天の川は今では信じられないくらいくっきりと見えたし、星空はまるでプラネタリウムのごとく、あるいは太平洋の洋上で見る星空のごとく、満天の夜空に無数の星が輝いて見えていたのだ。

そして校庭の一隅にはロクボクがあったし、高い木の台があった。これは特大の朝礼台のようなものである。そして大きな鉄棒があった。柔道場に県庁が引っ越してきて居候していたのもこの頃のことである。

昭和二十一年五月、吉田茂が首相になる。そして、この年の九月十七日に、二番目の弟、和久が生まれた。そのすぐあとの十一月三日が憲法発布の日である。

その和久が生まれた日のことが今も記憶に残っている。その頃まだ浦高通りには、駅までの間にほとんど店はなかった。その日、お産婆さんが来て、「いよいよ生まれそうですよ」との声に、われわれはしばらく遠慮することになった。そこで、父と弟の潔と私の三人で、浦和の町の方まで散歩に行ったのである。そして一回りして帰ってきたら、ふとんに寝ている母の脇に小さな赤ん坊の頭が見えた。それが和久との初対面だった。

帰り道、当時浦高通りにたった一軒だけあった八百屋さん(今もある)で、小さな青リンゴをいくつか買ってきたことを覚えている。それを食べたのが、もしかしたら、唯一の二人目の弟の誕生祝いということであ

ったのだろうか。

まさに、ベビー・ブームの始まり。団塊の世代の始まりが、彼の人生と重なるのだが、その誕生祝いは実はこんなささやかなものだったのである。

4　二十二年四月、木崎小学校へ入学

ハモニカ長屋へわが家が引っ越ししたのは、昭和二十年の秋のこと。翌昭和二十一年は瞬く間に来た。この年のお正月、大宮の氷川神社へ父と母と弟と四人で初詣に行ったのだが、その帰り大宮駅の近くの書店で『マッカーサー元帥』という絵本を買ってもらった記憶がある。その実物は、まだ、父の本棚のどこかに残っている。何年か前に一度発見した思い出がある。

この年昭和二十一年は、私は幼稚園にも行かず、翌二十二年の四月まで、かなりのんびりと過ごすことができた。世相は雑然としていたものの、子供だった私にはその頃いつ何があったのかは、ほとんど記憶には残っていない。昭和二十年の秋から巷では並木路子の「リンゴの唄」が大ヒットしていたようだが、わが家にはまだその頃、ラジオがなかった。いや、実は「あったのだが、それは壊れていて聴こえなかった」といった方が正しい。

わが家がハモニカ長屋に引っ越しした当時、京浜東北線の北浦和駅付近には、まだたいして商店はなかった。したがって記憶にあるのは、母と弟と三人で乳母車を押して、浦高通りの、岩槻街道の途中、今の浦和西高への入り口付近にある小川屋まで、よく配給を受け取りに行った時の思い出である。

その頃、あのあたりは全くの農村地帯。浦和西高はまだなかったし、あの道は両側に竹藪のある細くて暗い、さびしい道だった。そして、小川屋は酒屋だった。北浦和駅前に小間物屋の大郷商店ができたのは、すこしあとのことである。その小川屋へ醤油や酒などを買いに、あるいは配給品を受け取りに行く時は、一升びんを持って行く。

店には樽がずらりと並べてあって、その樽の下の方には、蛇口のような突起がついている。その真ん中の栓をスポッとぬいて、片口という把手のついた瀬戸物の鉢を下にして升でトクトクトクッと受けるのだ。そして、升で分量を量りながら片口にあけ、さらにそうして受けた醤油や酒を、ジョウゴを口にさした一升びんの中にジャーッとあける。つまり完全な量り売りだったのだ。ほかに味噌の配給なども同様、目方を量っていくらという、量り売りだった。

こうして、いろんな配給品を月に何度か受け取りに行き、弟を乗せた乳母車に一杯に積んでまた長屋まで帰ってくる。そんな日々が何度あっ

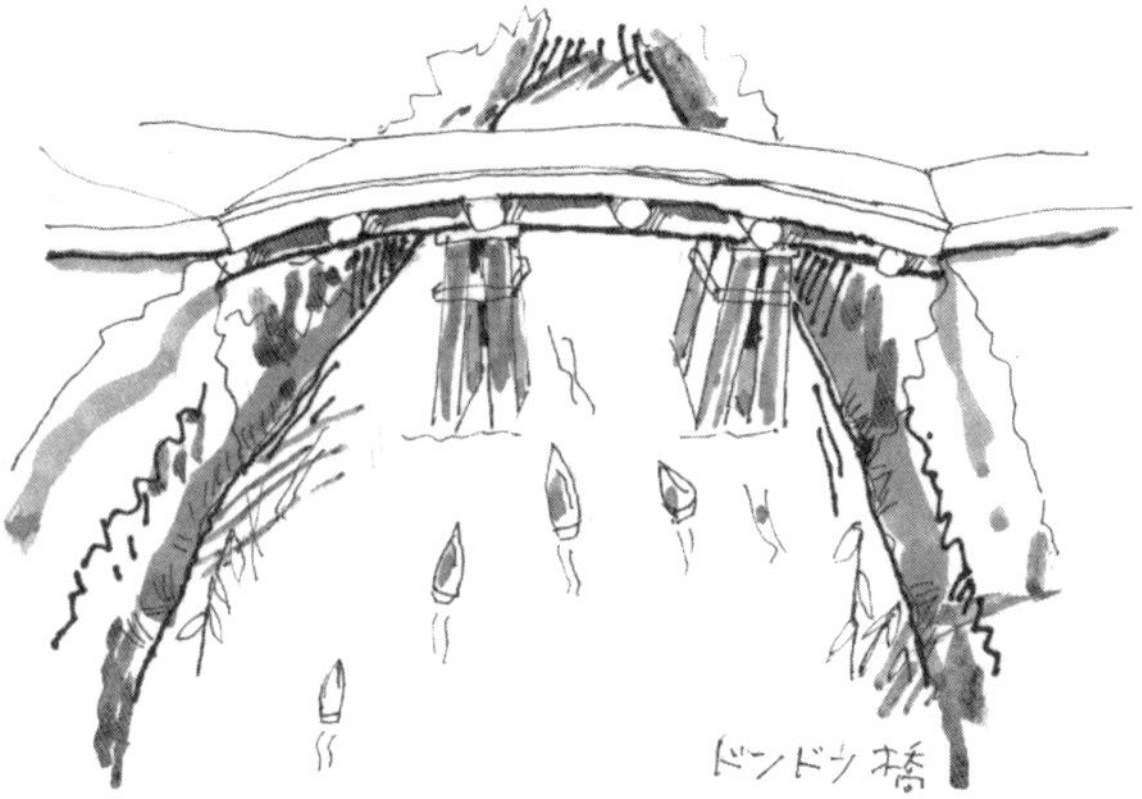

たことか。

北浦和駅前もこの時代のほかの駅前と同様、いわゆるヤミ市ができるのが早かった。それは、東口の今はタクシー乗り場となっているあたり、まさに駅の真ん前に出現したのである。最初は野天の屋台のようだった小さな店が、瞬く間に密集して、商店街を形成していった。売っている品物も食品から雑貨、電化製品までさまざま。なんでもあったような気がする。

そして、引っ越し以来、わが家

を悩ませてきた銭湯問題も解決した。「梅の湯」という銭湯が、駅と長屋の中間あたりの路地の奥にできたからである。松井大作さんという、後に社会党の市議会議員となって活躍する人が経営していて、最初の頃はよく、本人が番台に座っていたものだ。

ハモニカ長屋から北浦和の駅まで、歩いて十分あまり。途中に天王川というどぶ川があった。その木造の橋の上で跳び上がると、ドンドンと共鳴して音がする。それで、この橋のことをドンドン橋といった。この橋は、その後もよく架け替え工事が行われた。今では全くその頃の面影がなくなって、単なる暗渠となってしまっている。

翌二十二年四月。浦和市立木崎小学校へ入学する。通学時間は子供の足でハモニカ長屋から歩いて十五分ぐらいか。白っぽいホコリだらけの産業道路を歩いて通ったものだ。

その入学式の時の話である。一応、一張羅の学童服を着せてもらって、母の手に引かれてとにかく、入学する学校まで行った。すると、その日入学する予定の生徒の名前が玄関の脇の校舎の壁に男女別々に、二つのグループに分けられて張り出されていた。母は当然、男の子のグループをずーっと見ていった。しかし、「ない」。母はあせりだした。何回見直しても私の名前がなかったのである。

「そうしたら、おまえ、女の子のグループの中にあったんだよ。あの時はあせったねー」などと、今でも時折、思い出したようにいうことがある。ようするに、「薫」という美しい?名前なので、学校側が女の子と間違えてしまったということらしい。

入学式は校舎の二階の二つの教室をつないだ、打ち抜き教室で行われた。講堂などはなかったのである。

学童服

こうして、それでもとにかく、木崎小学校の一年生となって、学校へ通い出すことになった。まだ校庭の片隅には、天皇陛下のご真影が飾ってあったというコンクリート製の奉安殿の残骸などが残っていた。

最初に使った国語の教科書は「みんないい子」というものだったような気がする。これは、この年から初めて使われたものだったようだ。私たちよりすこし先輩は、墨塗り教科書の体験があるという。しかし、私にはその経験がない。

その教科書の最初の文章は、

みんな　いい子　　みんな　いい子

おはなをかざる　みんな　いい子

というものだった。それを、声を併せて読みあげ、先生の弾くオルガンに合わせてみんなで歌った。

担任の先生の名前は大西先生という女性の先生だった。たしか、原山中学の近くに住んでおられて、翌年、附属小学校への転校が決まった時、母と挨拶に伺ったという記憶がある。

さて、ハモニカ長屋から一番近い同級生は、名前は覚えていないが、蚊取線香屋の息子だった。この子も私に劣らない泣き虫だったから、この二人の通学は「たいへんだったんだよ」と母。

この子の家は、蚊取線香の製造業といっても、家内工業といったらよいか。天気のよい日は、家の前に置かれた板の上に、たくさんのコイル状にとぐろをまいた蚊取線香が並べられ、干されるのである。形は今のものと同じだが、現在のように板状のものから打ち抜いた形ではなく、断面が丸い、太い線香のようなものがコイル状になっていた。そして、干し板には蚊取線香の形状どおりに彫った凹みがついていて、最初は練り出し状で柔らかくてぐにゃぐにゃの線香の形がくずれないような工夫がしてあった。

この頃の服装は男の子は小倉の学童服。そして大きな白いシャツの襟がついていた。しかし、この時代はハナを垂れている子供が多く、その垂れてきたハナを学童服の袖口でふくものだから、袖口だけがピカピカになっているというのが、当時の子供たちの典型的なスタイルだった。

そして、足元はズック靴。だがこれも粗悪なものだった。それに、上履き入れというのを必ず持つ。校舎内の床の上で履き替えるのである。が、こうしたズック靴もなかなか手に入らない。

したがって、ズック靴を履いていない子も多く、そうした子供たちが愛用したのは歯がすり減ってチビた下駄だった。そのズック靴の方も生地が弱くて、すぐ穴があいてしまったり、底がはがれてしまったり、とにかく今のような立派なものからは想像できないほど品質は悪かった。

しかし私の場合は、背負っていたランドセルだけは豪華だった。一般にはズック製のランドセルを使っていた生徒の方が多かった。が、私のは茶色い牛革製の立派なものだったのだ。これは、母が実家の蔵にあった牛革を貰ってきて、浦和の駅前にある油屋カバン店に特別注文して作ってもらったものであった。

この頃、小学校一年生の時は、絵日記というものを書かされた。今も小学校低学年では同様のことをしているが、形式は全く同じである。しかし、描かれるテーマはずいぶんと違う。その時の現物はもちろん今はないいし、そこに何を書いたかもほとんど覚えてはいない。

いつも、

「きょう、あさ、おきて、がっこうへいって…」といったような書き出しで始まるワンパターンの文章ばかりであったから、父に、

「もうすこし、なんとかならないのか」

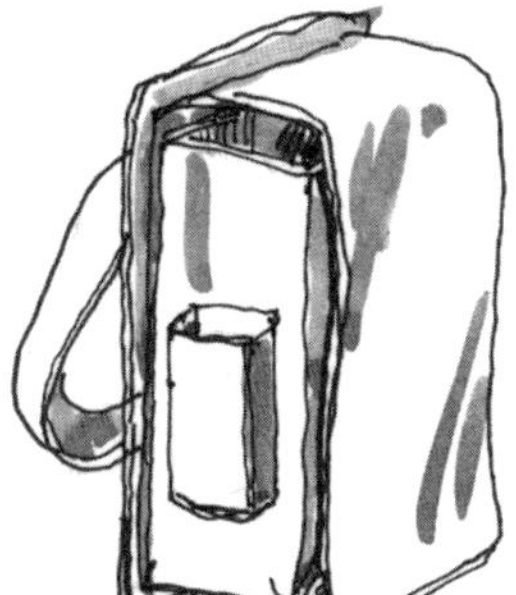

ランドセル

と、よく叱られたような気がする。

　そんな中で、例外的に今でも覚えている場面が一つだけある。それは、配給のザラメの少し茶色い砂糖が、茶ぶ台の上に器に入って山もりとなっていて、その一部を弟と二人でペロペロとなめている場面である。この頃は、砂糖だとか、とうもろこしの粉、大豆などが主食の補助食としてよく配給になった。

山もりの砂糖

　とくに砂糖などが手に入ると、それは小豆と合わせて煮込まれ、やがてお汁粉などになって三時のおやつとなり、大喜びする子供たちの胃袋にたっぷりと収まるのだが、その瞬間が待ちきれず、その前に、ペロペロとなめる。その、しびれるような甘さが、とにかくごちそうだったのだ。
　甘味料といえば、ズルチンとかサッカリンといった、なんだかわけのわからない薬のようなものが幅を効かせていた時代だったから、本物の砂糖などはそれ自体が大ごちそうだったのだ。中でもうれしかったのは、その砂糖を使ってアンコを作り、自家製の饅頭を作ってくれたりしたことだが、これがまた、たいへんなごちそうだったからなのだ。

そして、その当時のお昼ごはんも情けなかった。最も多かったのは、さつま芋を輪切りにして、ふかしたもの。金時という種類はなかなかおいしいのだが、農林1号とか太白とか、種類もさまざまで味も千差万別だった。さつま芋の粉を練って手で握って団子にし、蒸し器でふかした、さつま団子というものもあった。これは、ふかしたてのそれに少し醤油をつけて食べることが多かった。とうもろこしの粉も同様、捏ねて団子にし、蒸して食べたが、これはとくに不味《まず》かった。

この当時、大流行したのがパン食。といっても、今のような食パンは

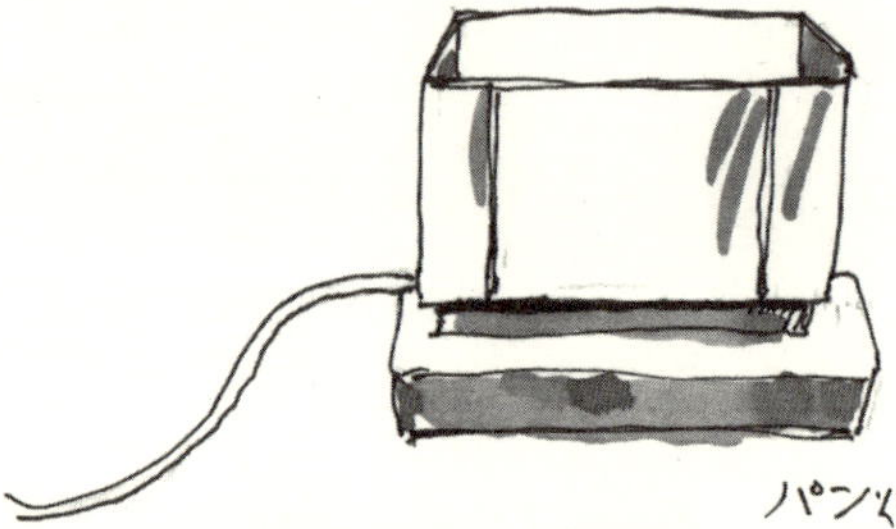

パン焼き器

パン焼き器

少なく、もっぱらコッペパンだった。このコッペパンが登場する前、各家庭ではイースト菌とかいうものを持っていて、配給の小麦粉を捏ねて、各家庭でパンもどきのものを焼いて食べた。当然これは味が悪かった。が、それでも、ひもじい腹にはごちそうだった。

　そのパン焼き器がおもしろい。一つは、鉄板と板で囲まれた箱の中に電線が二本出ていて、真ん中にイースト菌を入れて捏ねた小麦粉を置き、ショートさせるような形で熱を加えると、パンらしきものが焼けるというもの。
もう一つは大きなアルミ製の鍋だが、真ん中に穴があいていて、いわば大きなドーナツ型のパンもどきが焼けるもの。こうしたおかしな道具がどの家庭でも大活躍したのは、やはり、昭和二十一年頃のことだったと思う。

翌年ぐらいにはもう専門店が近くにできて、パン屋というプロが焼いたパンが買えるようになっただけでも大進歩。この当時のコッペパンはとてもおいしかったものである。その新しく産業通りにできた近くのパン屋へ、よくお遣いに行かされた。この頃になると、休みの日の昼時は、パン屋もお客でごった返す。そんな時、焼き立てのまだ湯気が立っていて温かいパンを買ってくるのも、

コッペパン

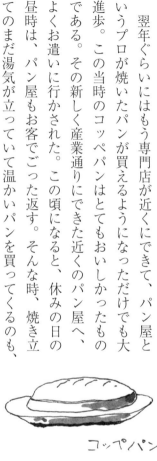

楽しみなものだった。

最初は、「ジャムつき」といって、コッペパンを真横から二つに切り開いて、そこに赤い、薄いジャムを塗ったものが昼飯の中心となった。そしてこれは、そこに塗るものがどんどん進化をとげて、やがてバターピーナッツ、マーガリン、アンコ、チョコレートなど、さまざまなものがメニューに加わるようになり、注文に応じて塗ってくれるようになった。こうして、しだいに日々の食卓は一層にぎやかになっていったのである。新ジャガを茹でて山のようにもって出されたものはとくに美味しくて、大ごちそうだった。

この頃は食べるものだけではなく、『小学一年生』などの雑誌も、世の中に出回ってきた。『金の鈴銀の鈴』という広島の方で発行していた雑誌もあったような気がする。二年ほどあとのそんなある日、貯金箱を壊して、弟と貯めていた一円札をありったけ出し合って、たしか五十円にまとめて、創刊したばかりの『おもしろブック』という雑誌を、浦高前にあった圭文堂という書店まで買いに行き、むさぼるように読んだことがある。

この『おもしろブック』の創刊は昭和二十四年の九月のことであった。そんな思い出もこの時代のこと、今でもその時のことは鮮やかに記憶している。

この木崎小学校一年生の時の遠足は、赤山街道を歩いて旧中山道に出て、京浜東北線をまたいでいた大陸橋（今もある）を越え、今のさいたま市中央区（与野市）二度栗山にある寺、弘法尊院《こうぼうそんいん》まで行ったというものだった。今では、人家が密集しているこのあたりも、当時は人家は少なく雑木林の中で、鴻沼《こうぬま》田んぼがよく見渡せた。まさに景勝の地だったのだ。この二度栗山という寺号は、弘法大師がこの地で二度栗が取れるよう祈願したという伝説からきている。

その翌年、昭和二十三年一月。あの有名な帝銀事件が起こる。小学一年生にはなんのことだかよくはわからなかったが、その恐い凶悪事件が起きた話を大西先生がしてくれたことは、よく覚えている。

そのすぐあとに埼玉大学の附属小学校の編入試験を受けることになる。そして無事合格。四月からは、附属小へ通うことになった。こうして、せっかく始まった木崎小学校との縁はわずか一年間で終わってしまったのである。この当時の同級生の多くはそのまま小学生になり、やがて新設される木崎中学校へ進学した。そして、後に父がそこの校長になる。なぜか不思議な因縁があるのである。

5　埼玉大学附属小学校へ途中入学

ハモニカ長屋から木崎小学校への通学はちょうど一年で終わった。昭和二十三年四月から、埼玉大学附属小学校へ途中入学したからである。この時二年一組に途中入学で一緒に入ったクラスメートは、八人ぐらいはいた気がする。その内訳は男四人、女四人という構成であったか。しかし、誰と一緒だったか。この正しい名前は同級生に確認しないと正確にはわからない。そして附属小学校にはわが一組のほかに二組、三組があり、全部で一学年は三クラスあった。

私が入った一組の担任は、音楽が専門である熊倉正利先生で、まだ三十代中頃のバリバリだった。そして、このあと五年間、六年生を終わって卒業するまで、担任は変わらない。このクラス、一年の時の担任は算数の尾崎馨太郎という先生だった。しかし、二年に上がる時に変わったのだそうである。したがって、二年から入った私は尾崎先生に習ったことはない。この人はとても優秀な先生だったそうだが、かなり早く、若くして亡くなられた。

さて熊倉先生はその後、いち早くカメラを購入されて、しばしば学芸会や運動会、校内大会などといった大きなイベントの際は、クラス全員の写真を撮って下さった。それでわれわれのアルバムはみんな、結構写真が多いのである。

なんでも、現像から焼き付けまで、すべて自分の手でされたとか。DP屋もまだそれほど充実していなかった時代だから、この時代のカメラ青年にとっては「そうすることがあたりまえだった」という先輩の言葉も聞くが、それにしてもお世話になりました。

この途中入学の編入試験がどんなものだったかよく覚えていない。講堂に何か大きな積み木があって、それを組み合わせさせられたり、平均台の上を歩かせられたり、面接か質問か何かがあったような気がする。が、とにかく合格して、木崎小学校から附属小学校へ転校することになったのだ。

この、途中入学の時の入学式も、当時職員室などが一階に並んでいた南側の校舎の二階で、これも打ち抜き教室で行われたのではなかったか。しかし、この学校には立派な講堂があったのだから、これは定かではない。

さて、それは四月何日のことだったかわからないが、桜の咲く下で、講堂の東側にあった階段のところに父兄と一緒にズラリと並んで撮った記念写真が今も残っている。こうして、ハモニカ長屋から通学する日々が始まった。

ハモニカ長屋から学校までの通学路はすべて徒歩である。まず浦高裏通りを通って、北浦和の駅に出る。そしてその脇の踏切（今はなく地下道になっている）を渡って新国道（今の国道十七号のこと）へ。

その歩道をずっと歩いて、今は埼玉りそな銀行本店となっている常盤小学校の脇を通って、常盤町の木原医院（つい最近まであったが、今はなくなった）のところまで行き、そこから六間道路へ入って三百メートルほど行くというルートが、スタンダードなコースだった。そうすると附属小学校の北東の角につく。今はグラウンドとなっているこの北側の校庭の半分はまだ畑で、菜っ葉の上をモンシロチョウなどがたくさん飛んでいた。

そこから学校の東側をぐるっと回って南側の正門へ。そして校内へ入るというコースだった。子供の足で約四十五分くらいかかったような気がする。バスは木原医院のところから北浦和駅まで、浦和駅と国道を結ぶ路線があるにはあった。たしか運賃は片道六円ぐらいだったと思う。けれどもいつも混んでいたし、北浦和班の生徒は乗車禁止だったのではなかったか。

通学は北浦和班というグループで何人かがまとまって行った。駅をはさんで東西に北浦和班もいくつかに分かれていたが、私のグループは、同じハモニカ長屋からの細田研一郎君と、長屋からすぐ近くのところに家があった大沢壮一君。それから駅までの途中に三組の神子田遙君。すぐ駅のそばの原園子さん、そして花井康孝君、さらに駅前の植松博君。踏切を渡って竹田辰興君などが通学仲間だった。帰りも掃除当番などを終えたあと同じメンバーで帰ってきた。といっても、道は多いのでコースはいつも全く同じというわけではなかった。

朝はさらに、三年、四年の時と途中入学者も増え、弟たちも加わって、五年、六年となる頃には、その人数もかなり増加し大部隊となった。

私が四年の時、弟の潔が加わり、彼とは三年間一緒に通う。となりの柴崎家も三人姉妹が全員附属小へ行く。細田先生の長男・研一郎君は私と同学年。さらに、桐山先生のご子息など、ハモニカ長屋から通った子供はたくさんいる。そして中には、二人も東大へ行った生徒がいるし、結構みんな成績がよかった。

さて、二年生に編入したばかり、入学早々の頃の四月の終わり、さっそく行われたのは田島ヶ原への遠足であった。これは弁当持ちだが、すべて徒歩である。まず学校へ集合して、隊列を作って歩きだす。別所沼の脇から一路西へ。別所沼界隈を過ぎればもう左右は全部、畑か田んぼだった。

とくに二組の内木滋郎君の実家である内木酒造の前を通り過ぎると、もうあとはずーっと両側が田んぼ。菜の花が咲いて、ヒバリが空に舞いその声が聞こえる。ほんとうにのどかな、美しい田園風景だった。この時期はまだ、田んぼには水が入っていない。畦道にははんの木が並木のように並び、田んぼは一面にピンクのカーペットを敷いたようなレンゲの花が咲きみだれとても美しかった。

そして、忘れられないのはザリガニ捕りの思い出である。その頃、春先になると水の枯れた田んぼの畦道の脇には、ところどころに土のかたまりの盛り上がりがあった。めざとい同級生はそれを見つけると「あっ、ザリガニの穴だ」といって、二十センチぐらい腕の途中まで泥だらけになりながら、その穴の中に手を突っ込む。しばらくしてひきだした手には大きなアメリカザリガニが捕まえられているのだ。

それを、われわれはみんな「マッカチン」と呼んだ。赤くてハサミが立派で大きなやつである。いかにも王者という風格のあるものをとくにそう呼んだ。この名称は、当時天皇陛下より偉いとされた進駐軍の総帥、マッカーサー元帥の名前からきている。それがなまって、子供たちの間ではもっぱら王者のような風格のアメリカザリガニのことを「マッカチン」と呼んでいた。そして、これを手掴みすること自体が英雄的な行為だったのだ。

実は恥ずかしながら、これは私にはできなかった。ザリガニのハサミで指をはさまれそうな気がして、ちょっと怖かったのである。しかし別の折、スルメや蛙の足をエサに、池や川でこうしたマッカチンを釣った経験は何度もある。ハサミをよけてこれらを背中から掴むことなどはなんでもなかった。

さて、遠足の行きと帰りにそんな楽しみをしながら、わがクラスはみんなそろって仲良く田島ヶ原へ行ったのである。もちろん、目的地は現在のように整備された美しい公園だったわけではない。しかし、今でも同様だが、田島ヶ原は天然記念物の桜草が自生する名勝の地だった。そして、この遠足の時期はちょうどその花盛りの季節だったのである。

その原っぱで、思う存分のびのびと、空気を胸一杯に吸い込んでハンカチ落としなどのさまざまなゲームをし、ドッジボールをやったり、クローバーの花を摘んで首飾りを作ったりなど、たっぷりと野原で遊び回ってから、また歩いて学校まで帰ってきた。

さて、その熊倉学級。音楽が専門の先生だったから音楽の授業は特別熱心だった。そして、私にとっては、それがとてもつらかった。なぜなら音痴だったからである。「カラオケおじさん」と人からいわれている今の私からは、考えられないことだったが。

記憶にあるのは、この時期学校にはピアノは少なく、音楽室や講堂にはあったが、小学二年生の教室ではもっぱら伴奏はオルガンだった。学校の廊下には何台ものオルガンが並んでいたが、その多くがパンクしていて、踏み板を踏んでもスカスカと音がするだけ。メロディーが弾けるのは少なかった。これらのオルガンはどれも、みんなクラシカルな骨董

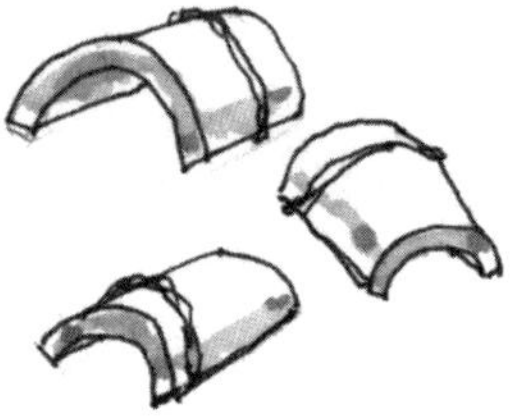

竹のカスタネット

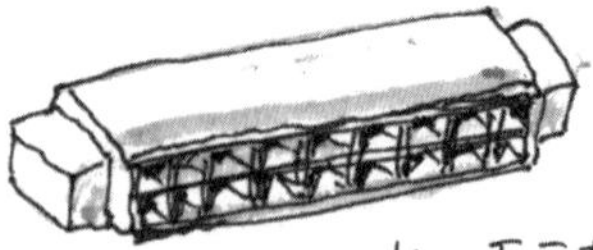

ハーモニカ

トライアングル

品のようですばらしくよかったのにである。しかし、残念ながらどれも修理が行き届いていなかったようなのである。

私が音痴だったのは、要するに譜面も読めないし、適当にでたらめを歌っていたか、歌っているフリをしているにすぎなかったからである。

そして、しょっちゅうオヤジに、

「薫は音痴だからなー」と馬鹿にされていたことも原因の一つだった。なんのことはないオヤジのやつ、自分の方がよほど音痴だったのにである。

親が子供をけなすことはとにかくよくない。「ただひたすら、自信喪失になるだけである」と、この体験からだけでも断固として私はいえる。

クラス全員で歌う時などはもっとつらい。とくに高音部と低音部と分けられても、とにかくでたらめなのだから、いくら練習しても先生の耳には、いいハーモニーで響くようにはならない。もっぱら私は、最たるハーモニーの壊し屋の一人だったのではないか。というわけで、今頃謝ってもしょうがないが、「とにかく、先生、ごめんなさい」といわせていただきます。

そんなわけで、リズム感も悪いから、合奏の方も全くダメ。楽器は何一つできない。そうした、いわばカスに先生が割り当てたのはカスタネットである。ピアノはもちろん笛、ハーモニカなどのメロディー楽器は当然女の子を中心に、音感のいいできる子、さらに太鼓やタンバリン、トライアングルなども、とにかく譜面が読めて、音楽がわかっている子にしか担当させてくれなかった。したがって、語呂合わせではないが、カスは「カス」タネットで当然だったのである。しかし、そのカスタネットがまたすごかった。今のような丸い、帆立て貝のような形をした立派な、格好いいものではない。

そうした楽器らしきものも少しはあったけれど、われわれのようなあてにされないカスには回ってこなかった。そのかわりに配布されたのは竹を十センチぐらいの幅に輪切りにして乾燥させ、さらにそれをタテに二つに割ったものである。それを両手に持って、音符に合わせて、カチカチと叩くのである。それでも、乾いた澄んだその音はなかなかよかった。

しかし、これで十分だったかもしれない。たぶん合唱だけでなく合奏でも、カス組は先生の気にいらない「単なる曲の壊し屋」だったのではないかと、今でも思い出すと冷汗が出るからだ。

担任が音楽の専門家というのも、生徒にとっては良し悪しではある。

そんな私が、音楽の時間唯一のスターというか、まあスターのようになることがあった。つまり、みんなの注目を集めるのである。あれはたしか、初夏の頃だと思うが、「若葉」という歌をみんなで合唱した時のことである。この曲は、

あざやかーな　みどりよー　あーかるーい　みどりよー

というフレーズで始まる。そして、だんだん歌っていってしばらくすると、最後の方は、

かおるー　かおるー　若葉が　かーおるー

という歌詞で終わるのである。この部分にくると、なんとなくニヤニヤ

した級友がいっせいにみんなうれしそうな顔をして私の方を向く。そう、私の名前はカオル。その時の表情はとにかくみんな、なんともいえないうれしそうないい顔ばかりだった。

また、この歌には、そのすこし前に、

鳥居をつーつみ　わら屋をかーくし

というフレーズがある。

それで、この部分にくると三組にいた鳥居君も全く同じような経験をしたそうである。

さて、いつも校庭では、朝とか昼休みはもっぱらドッジボール。それに母艦水雷というゲームをよくやった。もっともこれは、三、四年になってからかもしれない。それに、フットベースボール。これは、野球とよく似たルールだが、バレーボールなどを使って、足でボールを蹴って、一塁から二塁、三塁と回るゲームである。女の子とも一緒にやった。

そして、ワンバウンド野球というのがとても盛んだった。これも野球と同じようなルールだが、軟式のテニスのボールを使って、ピッチャーが打者の前にワンバウンドさせてボールを投げる。それを素手で打つのである。いずれにせよ、球技がとびきり下手だった私には野球や野球まがいのゲームにはあまりいい思い出はない。

さて、小学校三、四年ぐらいになると、冬の朝はいったん学校へ登校してから、また六間道路を西の方へ走りだして、鴻沼田んぼを横ぎって寒い北風を真横にうけながらマラソンをしたものだ。あの田んぼ、今は住宅だらけだが、当時は全体が田んぼで家はなく唯一の建造物があっただけ。それは川の脇にあった建物でみんながカンカン帽と呼んでいた、水道の取水井の小屋だった。その建物の形がおじさんが被るカンカン帽にそっくりだったのだ。

そして、当時はまだ土合村だった石川一郎君の家まで行く。到着するとその石川家の庭でしばらく焚き火にあたるのが何よりの楽しみだった。その石川家のすぐそばの山影の池に氷が張ると、その上にみんなで乗ってスケートまがいのことをしたこともある。

それから再び同じ道を通って教室まで帰ってくる。そうして、ようやくその日の授業が始まるのである。

それにしても、小学二、三年生の時のことだけに限定してみると、成績はいつも中ぐらいだったし特徴のある子供であったわけでもなく、したがってあまりはっきりとした思い出はなかったといえるかもしれない。

6　紙芝居、少年王者、ターザンごっこ

すでに何度かふれたように、昭和二十年の秋から、家族四人でのハモニカ長屋生活が始まった。その頃、父はまだ旧制浦和中学校、つまり浦中の地理の教師。母は薫と潔という育ち盛りの二人の男の子を抱えて、大忙しの日々を過ごしていた。

つまり、今日は配給の受け取り、あしたは縫い物、さらに編み物、洋裁、和裁など。そして炊事、洗濯は毎日といった多忙な日々を過ごし、とにかく家事・雑事に追われていたのである。

しかし、その傍らで私たちを始め近所の子供たちは日中、何をして遊んでいたのだろうか、残念ながらきわめて断片的にしか思い出せない。

もちろん正月といえば凧揚げの記憶が懐かしい。近所の駄菓子屋で売っていた仙花紙という安い紙で作られ、粗末な絵が印刷された奴凧や角凧を、すぐ裏に広がる浦中の野球場でよく揚げたものだが、それに新聞紙を細長く切って作った長いしっぽをつけても、よくバランスが取れず、なかなかうまく揚がらなかった。だから、すぐグラウンドを走って、その勢いで無理に揚げてしまうなどということが多かった。しかし、これは「かけ凧」などといって、上手な近所の上級生にバカにされてしまうことが多く、あまり評価されなかったものだ。

羽子板と羽根を買ってきて羽根つきもしたし、メンコ、ビーダマ、ベーゴマなどもよくやった。後には女の子たちと「ゴム段」といって、最初は低い位置からだんだん高く上げてゆきながら、ゴム紐を飛び越しごっこして行くゲームにもよく参加したものである。

石蹴りや、時には太い釘を使って地面に刺して陣取りをする釘刺しなどもよくやった。けれどもそのどれもが、私は不得意だったから、あまりいい思い出はない。

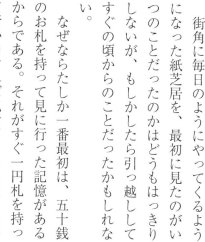

今だに忘れられないのは、紙芝居とのつきあいである。

街角に毎日のようにやってくるようになった紙芝居を、最初に見たのがいつのことだったのかはどうもはっきりしないが、もしかしたら引っ越ししてすぐの頃からのことだったかもしれない。

なぜならたしか一番最初は、五十銭のお札を持って見に行った記憶があるからである。それがすぐ一円札を持って行かなければ見せてもらえなくなった。そして、まもなく十円のお札が登場してきてそれがあたりまえの時代となっていく。

その頃は五円のお札もたしか流通していたし、一円札もあった。一円と五円の硬貨もあったが、今ほど潤沢にはコインが普及していなかった。したがって、最初に手に握って見に行った五十銭札や一円札は戦前から使われていたもので、そのどちらかには靖国神社の絵が書いてあった。しかし終戦後、急速なインフレーションが進んだせいか、それが新札に変わるのがきわめて早かったのは当然だった。

ところで、ハモニカ長屋の子供たちが、こうした紙芝居をどこで見たのかといえば、それはすぐ近所の空き地であった。

ハモニカ長屋の南面に、北浦和の駅から今の北宿の方へ通じる浦高裏通りがある。その右手、つまり浦和高校のグラウンドの東南の角の向かい側に小さな畑があって、そこが四つ角になっていたのだが、その真ん前にみんなが「お宮さん」と呼んでいた小さな小さな丘があった。といってもそれは丘といえるほどスケールの大きなものではない。

長さは五十メートル四方ぐらい。こんもりとした土が盛り上がっていて樹木が鬱蒼と繁り、その上にたしか小さな祠があった。頂上の一番高いところに神社のような形をした社殿があったような気がする。そのお宮さんの樹木をよじ登って、頂上に近い部分までたどりつくと、その枝の間から南西の方角に、家並みの上に飛び出すように、仲町の水道タンクの姿がくっきりと見えた。水道タンクとは浦和市内に給水している水道の取水塔のことである。

その頃の浦和市の家並はせいぜい、たまに二階家があるくらい。ほとんどは平屋だったから、お宮さんのてっぺんから突出して、とにかく水道タンクがよく見えたのである。そして、その水道タンクの真下には、私たちが毎日通っている附属小学校があった。

お宮さんのある場所は今にして思えば、前身は古墳のようなものだったのかもしれない。

しかし、それは昭和三十年頃、かなり早い時期に削り取られて、あとかたもなく消えてしまい、そのあとは商店になってしまったから、今となっては真相がどうだったかは全くわからない。が、とにかく「お宮さん」と称する祠があったのである。

そして、その鬱蒼たる樹木の枝に板きれなどを渡して「空中陣地」と称するスペースを作った。そうした作業自体がとても夢があり楽しかった。木登りも、この頃の男の子たちはみんな大得意だった。

そのお宮さんが鎮座する前のわずかな道端の空地に、しょっちゅう少年たちを楽しませてくれるいろいろなものがやってきた。いわゆる行商の人たちである。

その第一にあげられるのが、紙芝居。これは、ほとんど毎日だった。

それから、時々くるのがいかけやさん。これは、壊れた鍋の穴をハンダとハンダごてを使って修繕する商売の人たちのことである。物不足のこの時代、結構需要が多かった。

そして、こうもり傘の修理を専門とするおじさん。ゴム長靴など、ゴム製品の修繕を生業とする人もいた。さらに包丁や鋏の研ぎ屋さんなどもよくやってきた。

中でもとくに面白かったのはポン煎餅屋さんと爆弾あられ屋さんである。そのどれもがとても興味深く、それらが町角にあらわれるとすぐに飛んで行き、そうしたおじさんたちの仕事ぶりを、いつまでも飽きずに眺めていたものである。

ポン煎餅屋さんがくると、まず母に米をねだりに行く。そして、一合か二合ぐらいのそれを貰うとボウルなどに入れて持って行く。すると機械にかけて一枚ずつ、煎餅に焼いてくれるのである。

これが焼きあがる時「ポン」という大きな音がする。それで、ポン煎餅というのである。形状は今でいう、岩手県や北海道などに多い、「熊おやじ」などという煎餅と同じである。時には米だけでなく、麦やトウモロコシの粒などを混ぜることもあった。そんなものでも、とてもおいしいおやつだったのである。

しかし、ふだんはどこの家でも少ない配給の主食をそうした遊びに回す余裕がなく、母はポン煎餅屋がきた時に米をねだっても、あまりいい顔をしない時の方が多かった。

爆弾あられも同様である。これも、原料は同じ米の時が多かった。これを持って行く。これは大きな鉄の筒のようなものがリヤカーにセットしてあって、薪を焚いて熱している。その中へ米やトウモロコシなどの原料を入れて熱する。しばらくすると「ドカン」と爆弾が破裂したような音がして、出来上がり。

蓋をあけると、今の雛あられと同じものが、ボウル一杯出てきた。しかしどちらも味はわずかに塩味程度だけ。だからそれほど旨いといえるようなものではなかったが、気のきいたおやつの少ない時代には、これでもたいへんな贅沢品だったのだ。

そして、そうしたものと親しむ日々は、昭和二十七年、六年生になった夏に、ハモニカ長屋から北浦和の県営アパートへ引っ越しする頃まで続いたのである。

その「お宮さん」のある一角は、毎日、子供たちにとってはエキサイティングなほんとに楽しい場所だった。

とくに紙芝居屋さんは、いつもやってくる時間が決まっていた。紙芝居屋のおじさんがどこからくるのかは知らなかったが、あちこちでやる場所が決まっていて、そこを順番に回ってくるわけだから、同じ場所に到着する時間は、毎日ほぼ一定していたのである。

紙芝居

今考えてみると、紙芝居にも発達段階があった。そしてくる人も何人も変わった。

けれどもそれは、たいてい自転車の背中に引き出しがいくつかついた木の箱を積んでやってくる。その一番上の部分を起こすと、額ぶちのようになっていて、そこに紙芝居の絵を入れるようになっている。その絵を一枚ずつ見せ、場面が変わるごとに絵を引き出しつつ見せながらストーリーを語るのである。その口調がなんともよかった。

そして、引き出しの中には、透明な水飴や酢こんぶ、それにイカを煮たものなどがたくさん入っている。それを子供たちに売るのである。その後、軽いウエハースのような煎餅や、ニッキ飴を煎餅ではさんだものなども売るようになった。

紙芝居屋のおじさんは、所定の場所にやってくると、まず最初に拍子木を持ってカチカチとたたきながら、近所を一回りする。その音が合図

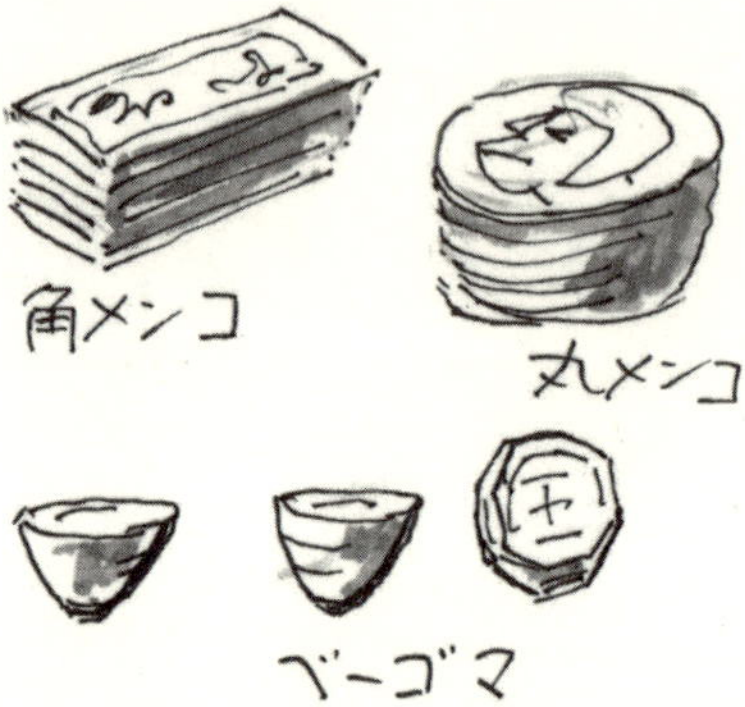

となって、お金を手に持った子供たちが一斉に飛び出してくる。それから、まず子供たちに水飴や酢こんぶを売る。そして一通り売り終わると、紙芝居が始まるのである。

中では水飴が一番高級品で値段が高く、透き通った飴にハシが二本ついてくる。それで紙芝居を見ながら、あるいは始まるまでの間、ぐるぐると飴をかきまわす。すると適当に空気が入って、飴が真っ白くなる。そうすると、おじさんにほめられる。

そのようにできた子は、得意になってそれをみんなに見せびらかす。それから、ゆっくりと、飴としてなめるのである。一方、飴が買えない子にはその様子がとてもうらやましかったものである。今から思えば、変なことが楽しかった。あの頃の子供たちは単純だったのだ。

このように、原則的には必ず何か買わないと紙芝居を見せてもらえない。したがって、家からお金を貰えなかった子はちょっとつらいのである。下手をすると仲間はずれにされることさえあった。

しかも、すこし年上のお姉さんなどが参加していると悲劇である。これがこまっしゃくれて、「タダ見はいけないよ」などと、紙芝居屋のおじさんにゴマをすって、しかもおじさんに成り代わって見物客のいる場所を取り仕切ったりすることがよくあった。

そうなると、気の小さい私などはもうあきらめなくてはならない。何も買えない子は閉め出しをくってしまうからである。それが、とてもつらかった。いつの時代でも、こうした権力に媚びる（それほど大げさでもないか？）いやな奴はいるのである。

その紙芝居屋さんの拍子木が大きな太鼓に変わるのには、それほど時間がかからなかった。太鼓も最初の頃は小さかったのだが、同業者同士で競争でもしたせいか、瞬く間に大きなものに変わっていった。

そして、太鼓のリズムはほぼ決まっていた。どのおじさんも、おおむね「ドンドン、ドンガラカッカ、ドンドンドンドン」という独特のリズムだったような気がする。

その音が今でも耳の奥に残っていて消えない。

見料はわずか、五十銭、一円という小額ではあったが、それでも当時としては結構貴重なお金。いつも母にねだってお金を貰って見に行くのだが、いつでも素直に出してくれたわけではない。しかも、まだ月ぎめのお小遣いを貰うなどという習慣もなかった。それでも、何回も紙芝居を見た記憶があるということは、すこしは工面してお金をくれることもあったのだろうか。

こうして見た紙芝居の出し物で、まず忘れられないのは「黄金バット」

である。後にこれは評論家として大活躍した加太こうじの名作だったということが判明する。そして最も印象深いのは「少年王者」である。山川とくに山川惣治作画の「少年王者」を見た印象が強烈であった。山川は昭和二十一年の夏頃から、この紙芝居の「少年王者」を描き始めていたらしい。これはすぐ昭和二十二年十二月、まず集英社から単行本として、第一巻が刊行される。さらにその後、昭和二十四年九月創刊の『おもしろブック』にも連載されるようになり、大評判となっていく。しかしその名作を最初に見たのは紙芝居でだった。その時の躍動感はあれから七十年も経った今となっても忘れられない。

登場人物の代表は少年王者真吾。そしてウーラ、アメンホテップ三世。今ではありふれた4WDとよく似た形の車だが、探検用のジープなどはとくに格好がよかった。そして登場人物にはマサイ族という長い槍を持ったアフリカの黒人たちの姿もあった。

その真吾少年の活躍に刺激を受けた男の子たちは、学校から帰ってくると、ランドセルを家の玄関に放りだすように置くやいなや、すぐ飛び出して行って、お宮さんの木の上にのぼって空中陣地に陣取る。そして、下に向かって「アーオーアー」と叫ぶのである。しかし、このイメージはどうも『ターザン』の映画とだぶってしまう。

ワイズミューラー主演の映画で、ターザンがアフリカの密林で動物たちと活躍するターザン映画の数々もわれわれを大いに興奮させたものである。

というわけで、この時代は映画にまつわる思い出も尽きない。それについては、章をあらためて語ることにしたいが、まず最初に観たアメリカ映画で強烈な印象を持っているのが『仔鹿物語』である。

あの頃の映画館へは、どの家でもみんな家族そろって観に行ったものだが、しかし日曜日などはいつ行っても満員だったものだ。だから、通路で立ち見なんてあたりまえ。次の回まで一回待つという人たちが、廊下にあふれていたものだ。

たしかこの『仔鹿物語』を観たのは、大宮の映画館でだった。しかし、いくら混んではいても、気分の方はもう一つ。だが、あまりにも違うアメリカ文化の神髄にふれて、みんないいようのない開放感にあふれていたものである。

7　浅草でカンカン娘の映画を観た

私がまだ小学校低学年の生徒だった頃、当時の人たちみんなの共通した娯楽、その中でも最も大きな楽しみといえば、それは映画館へ足を運んで映画を観ることだった。あの頃はとにかく、いろいろな形で、いろいろな種類の映画を観たものである。

しかし、どの映画を、いつ頃どこで観たのかは、もうあまりにも昔のことなので、記憶が薄れてしまっていて正確には覚えていないのが、今となっては残念である。

けれども、映画にまつわる思い出はたくさんある。その頃のハモニカ長屋の住人、いや、多くの北浦和方面に住んでいた浦和市民にとって、最も身近でおなじみだった映画館は、北浦和駅から旧中山道を大宮の方へ向かって五分ほど歩いたところの右側、今はさいたま市立北浦和図書館となっている場所にあった、「シアターパール」である。ここは、いつからかは知らないが、主として洋画専門の映画館だった。

そのほか、浦和の旧市街には浦和劇場や浦和パレス劇場、調宮劇場など三館。最盛期には全部で浦和市内に映画館が五館ぐらいはあった。そして、そのどれもが、日曜などはいつでも満席。だから席に座れず立ち見ということも多かった。

この時代は、上映している途中から館内に入って最初に映画の後半部を観て、次の上映を待ってまだ観ていない前半部を観る。そして、物語が進行していって再び、「ああ、さっき観たな」という画面の部分がくると、おもむろに席を立って出るというパターンが普通だった。それでも、たいていストーリーはうまく繋がったのだ。

そして、最初のうちは立ち見、それが終わって客の入替えをする時、空いた席を探してやっとどうにか座席が確保できるというのも定石だったものである。

そして、川口や大宮に同じような名前の系列館があった。これは、たぶん経営者が同じだったのだと思う。それで、一本のフイルムが二つの町を行ったりきたりしたのである。つまり、一本の作品を、たとえば浦和の劇場で上映し終わると、すぐそのフイルムは運び屋の手で大宮の劇場に運ばれる。そして、そこで上映される。

つまり、映画制作会社から配給された一本のフイルムをできるだけ効率よく何回も上映して稼ぐということを、当時の映画館の経営者はやっていたのである。が、それで時々ハプニングが起きた。

ある場所で上映中、停電などになってしまうと、当然映画が終わるのが遅れる。それに伴って、フイルム運びの仕事も遅れてしまうので、フイルムがくるのを待っているもう一方の映画館では、すでに次の上映予定時間がきていて満員のお客が待っているのに、なかなか映画が始まらないなどということがよくあった。

この時代の映画見物は兄弟がそろって、主に父などに連れられて行くか、時には家族全員で観に行くものであった。そして、より教育的な映画などは貸切りの映画館へ学校からみんなでそろって行くことが多く、クラス全員、あるいは学年全体でなど団体で行ったことも何回もあった。さらに、全校生徒が貸切りでなどということも多かったのである。

ほかに変わったところでは、主に夏休み中の催しであったが、小学校の校庭で、しばしば映画会が開かれた。

こうした映画会はハモニカ長屋の近くでは、北浦和小学校の校庭で行われることが多かった。校庭の隅に二本の柱を建てて大きなシーツのような布をはりめぐらせ、それをスクリーンにして映写するのである。だから、強い風が吹いてくると、スクリーンが大きくはらんで画面全体が歪む。すると、スターの顔はもうだいなしである。時には突風をくらってスクリーンが観客席の方へ倒れることさえあった。

客席はその画面にむかって、校庭に一面に敷き詰められたゴザの上。そこに座って鑑賞するのである。あるいは新聞紙に座ったりもした。慣れてくると準備のよい人は、座蒲団などを自分で小脇にかかえてあらかじめ持って観に行くのである。

そして、始まる予定の時間より一時間以上も前に行ってよい席を取っておき、煎餅などをかじりながら、今か今かと楽しみの時がくるのを待つ。たいてい夜の風はまだ暑いので、もう一方の手にはうちわを、あるいはようしゃなく飛んでくる蚊などを撃退するために蚊取線香なども自ら持参して行ったものであった。

この映画会が面白かったのは、スクリーンの裏側からでも映画が観られたことである。もちろん、画面は鏡文字のようになってしまう。だから、なんか変な映像となってしまうのはやむを得ない。

けれども正しく見える側はいつも溢れるほどの見物客でいっぱいだった。だから、ちょっと遅く行くとあまりいい場所では観られない。が、裏側はガラガラにすいている。断然見やすかったのである。

こうした映写会では、『次郎物語』とか『三太物語』などという教育的な劇映画とディズニーの短編漫画映画、それに警察や保健所などが生活指導と称して上映する『性病の恐怖』などという内容の映画と組み合わせたプログラムということが多かった。そして、教育的な催しであるという映画会本来の意図はこの付録の方にあったのだ。このほか、不良とか非行少年（これらの言葉もとても懐かしい）対策などの補導に関するお知らせの映画などがセットになっていることが多かった。

一方、学校で連れて行ってもらった映画も数多く、覚えているのは次のような作品である。どれも、教育的な意図がはっきりしているものばかりである。これらは印象が強かったせいか、今でも、いつかまたもう一度観てみたいなと思う作品ばかりである。

それらの中から思い出すままにいくつか拾ってみよう。

一番古い方の記憶ではっきりしているのは、大映の『緑の小筐』一九四七（昭和二十二）年作。島耕二監督。池田雄二、相馬千恵子。これを観たのは小学一年生の時だったか。何か美しい音楽映画だった。緑の（といっても、映画はモノクロだった）小筐が山奥から、谷川の渓流を下って行く話。

それから映画芸術協会の『風の子』一九四九（昭和二十四）年作、山本嘉次郎監督の作品で、出演は竹久千恵子、夏川静江。

『われ幻の魚を見たり』これは、もともと魚のいなかった十和田湖にヒメマスを放流し成功した人、和井内貞行の苦労話。

信子。

『仔鹿物語』一九四九（昭和二十四）年作。アメリカ映画、クラレンス・ブラウン。これを観たのはお正月。初詣の帰りだったような気がする。

『原爆の子』一九五二（昭和二十七）年作。新藤兼人監督、出演・乙羽信子。

小学校の高学年ともなると、シアターパールへはしょっちゅう行った。が、もちろん一人でではない。父に連れられてである。それには理由があったのである。

オヤジは浦和高校の地理の教師であったが、昭和二十七年夏には、小学校の校長に就任してしまう。だが、それ以前はのんびりしたものだった。浦和に住んでいた有名な女流俳人長谷川かな女の主宰していた『水明』という雑誌を中心とした句会にもよく出席して、俳句（俳号・田中緑人）などもひねっていたようである。

それだけでなく、その頃は熱心な映画ファンでもあって、毎週のようにどこかの映画館へ映画を観に行っていた。

そうした映画を観に行く日は、夕方、学校から長屋に帰ってくると、そそくさと気もそぞろに夕飯を食べ終わる。すると、やおら立ち上がって、耳元で手を前後にくるくると回す仕種をするのである。そして、母親に「ちょっと行ってくる」と告げる。それが、「映画を観に行ってくるよ」という意味の、母に対する合図なのであった。

そうした場合、母はたいていあまりいい顔はしない。むしろ、露骨にいやな顔をするのである。実は月給が安いのに映画代を持って行かれることに対しての経済的な理由があったようである。それでうしろめたかったからなのだろうか。よく、「カオルに映画を観せてやろうと思う。だから、連れて行ってくるよ」ということが多かった。つまり、私はオヤジの映画見物のダシに使われたのである。

しかし、おかげで、私はかなりたくさんの当時話題の映画を観せてもらえた。これは今から思えば、大きな財産であった。オヤジのエゴイスティックな都合は、かえって私にとっては幸せをもたらしてくれたことになる。

観に連れて行ってもらった映画館は家から近いシアターパールのことが多く、その頃そこは洋画専門だった。そこで観たものの中で、とくに記憶に残っているのは『にがい米』、たしか、イタリア映画だった。

もうハモニカ長屋の住人ではなかったが、さらに『禁じられた遊び』、一九五三（昭和二十八）年公開のフランス映画でルネ・クレマン監督の作品。それから『鉄道員』一九五八（昭和三十三）年公開のイタリア映画で、ピエトロ・ジェルミ監督作品を観たのはもう高校生になってからだった。『モダンタイムス』一九三八公開・一九七二リバイバル公開、『終着駅』一九五三公開、『シェーン』一九五三（昭和二十八）年公開、アメリカ、ジョージ・スティブンス監督、などを観た記憶がある。

そうした映画とのかかわりをふりかえってみると、最も古い方の記憶として今でもはっきり覚えているものの一つが、新東宝が一九四九（昭和二十四）年に公開した映画『銀座カンカン娘』に関する思い出である。これは島耕二監督、灰田勝彦、高峰秀子主演の映画だった。

それは、附属小学校へ途中入学で入って二年目だから、三年生になってすぐの頃のことで、まだ春先の話だったと思う。とても天気のよい日であった。学校からどこか県庁の方へ見学に行くということで、行列を作って熊倉学級の級友たちと、ガヤガヤと雑談をしながら新国道の歩道を歩いていた時のことであった。

僕が突然「あの子、かわいやカンカン娘、粋なブラウス、サンダルはーいて、誰を待つやら銀座の街角、それはー、銀座のカンカン娘ー」と節をつけて歌いだしたのである。理由はわからない。

そうしたら、すかさず口さがない級友の誰かが、「あっ、いーけないんだー、カオルちゃん、流行歌なんか歌っちゃ、先生にいいつけてやろー」といわれて、絶句してしまったのである。そんな場面を今でもはっきりと覚えている。

この「先生にいいつける」という恐怖のセリフには、その後もしばしば悩まされ、また実際によくいいつけられて、さまざまな理由でよく叱られもした。

たしかに、この時代は子供が流行歌（この言葉もこうした表現も、とても懐かしい）を歌うことは悪いこととされていたのだ。しかし、そんな歌が口から出たのは、たぶん前日の日曜日、オヤジに浅草に連れて行ってもらい、映画館に入り映画を観せてもらったばかりだったからだと思う。

その時の演《だ》し物が高峰秀子主演の『銀座カンカン娘』という映画だったのだ。その映画の中に、その後有名になった美空ひばりの『東京キッド』のようなスタイルで、高峰秀子がウキウキはつらつと、この歌を歌うシーンがあったような気がする。

その歌の最初の部分は今でも私が歌えるくらいだから、それはそれは調子のよいリズムの曲であった。

だから、この『カンカン娘』という作品は私にとっては忘れられない歌であり、映画でもあったのである。

電話

8　メダカとドジョウがいくらでも捕れた頃

ハモニカ長屋が建っていた場所は、浦和高校敷地内にある野球練習場の南の隅だったが、ここはもともとは田んぼだったところらしい。そこを埋め立てて野球場にしたもの。

旧制の浦和中学は昭和二十三年からの学制改革で、埼玉県立浦和高校となる。その旧制浦和中学が、鹿島台から領家に引っ越してきたのは昭和十二年。

だから、私たちがここに引っ越してきた頃は、学校そのものがこの地に引っ越してきてからまだ十年ぐらいしか経っていなかったことになる。だが、もうそんな新しいという感じは全くしなかった。

長屋のすぐ前の、野球場の外野の一角に水抜きのマンホールがあって、その先は道路を隔てて水路。それはずーっと先まで続いていた。

あれはいつの大きな台風の時のことだったか。このマンホールが溢れたことがあった。広い野球場とその上のサッカー場に降った雨が一度に集中してマンホールへ集まってくる。すると、もういけない。水が溢れるのである。そして、あっというまに長屋はしばしば床下浸水ということになった。

玄関の下駄などがまずプカプカと浮き上がって漂いだす。それからぐんぐん水かさが増して、へたをすれば畳も冠水か、というような状態になる。実際は畳まで濡れたという経験はなかったのが、不幸中の幸いだった。そうなるといけない。当然、汲み取り式の便槽からも汚物が溢れだして、黄金がプカプカと浮いて流れてくる。それが、水が引いたあとも残っていたりするのである。とにかく不潔だった。時折伝染病騒ぎが起きるのも当然だった。

その黄金を餌だと勘違いしたのかどうか、ある時、体長二十センチぐらいもある結構大きな鮒が捕れたこともある。いつもはおとなしくマンホールの中にでも住んでいたものが浮かれて出てきたのかどうか。

「そういう時、オヤジは、これがほんとの糞味噌一緒だよなんていって喜んでいたもんだぜ」というのは、弟の潔の記憶である。彼は、今でもこの時の話をすると、突然活き活きとして、いろいろと喋りだす。とにかく、とんでもないことがよく起きたのである。

こうした大規模なものはともかく、小さな水害は年に一～二回はあったかもしれない。中でも、とくにすごかったのは、昭和二十二年九月のキャスリーン台風の時である。関東地方を台風が直撃して関東で死者二千二百四十七名という大被害となった。もしかしたらわが家で居ながらにして鮒が捕れたのはこの時のことだったかもしれない。

さて、平和時はすこし状況が違う。野球場のマンホールから続くその水路は数年のうちに汚いドブ川になってしまうのだが、引っ越した当初は水がとてもきれいだった。そして、メダカとドジョウがいつもたくさんいた。とくに、春先にメダカが大群で泳ぐさまは、とてもすばらしかった。そのほか、ダボハゼやザリガニなどもたくさん住んでいた。

そして、水路の先をさらにたどっていくと、今の本太小学校の方まで続いていた。水路には、玉網を持ってドジョウやダボハゼを追ってよく行ったものである。これは、もっぱら弟の潔とパートナーを組んで行くことが多かった。

こうした時に持って行く魚捕りの道具は、近所の駄菓子屋で買ってきた玉網と、捕った獲物を入れる壜か缶。頭には麦わら帽子か何かをかぶって、意気揚々と出かけるのである。そして、水中にじっと目をこらす。すると人の気配で生き物がすばやく逃げる。水がわずかに煙幕のように濁る。その時がチャンス。すかさず身構え、もう一度目をこらして水中を睨む。

そして、再び何か水の中に動きがあると、その瞬間を見計らってすかさず網を入れる。そして泥のまますくい上げて道路にビシャッとあける。その泥に手を入れて、たいらにのばす。するとそのどろどろした土の中で、ドジョウやダボハゼが逃げようとして必死でうごめいている。

それを掴んで、水を入れた壜などに入れる。そうした作業を何回も何回もくりかえしながら、だんだん遠くまで遠征して行くのである。だれがやっても楽しい。なぜか、夢中になって熱中するほど、男の子にとってはこたえられない作業の瞬間だった。

そして、日曜日ともなると、もっと遠くまで遠征先が広がる。そうした日々が何年も続いた。

さらに、小学校も高学年になって、自転車の三角※乗りができるようになると、浦高通りに出て、岩槻街道を北に進んで、約四十分ほどかけて見沼用水のほとりまでよく行ったものである。夏場の見沼用水は水流がすごい。ここでは、よく釣りをしている大人のウキを見つめることが多かった。また、大きな四つ手網をしかけてごっそりと捕っている人を見るとうらやましくて、いつまでも見つめていたものである。

その見沼用水で、水が少ない時、中へ入ってシジミをバケツいっぱいに採ったこともある。それは、すこし小粒だったが、家へ持って帰って味噌汁の具になった。

シジミといえば、当時、大戸の三番川といっていた水路でも採ったことがある。こちらは量はそれほど採れなかったが、いることはいた。この川は今でもある。埼京線の南与野駅のあたりを流れている農業用の水路のことである。この付近は鴻沼田んぼといって、この頃は一面の水田で建物は全くなかった。そして、この水田の東縁と西縁に用水があり、中央に悪水（鴻沼川）があるという構造は、規模こそ違うが、見沼田んぼと全く同じだった。この用水にも、ハモニカ長屋から徒歩で京浜東北線の線路を越えて、遠征して魚捕りに何度も行ったことがある。徒歩で行くとかなり遠かった。しかし、すこしも苦にならなかった。網による魚捕りと並行してザリガニ釣りもよくやった。近所の水路で、ザリガニがよく捕れた。けれども、それはマッカチンではなく茶色い小型のやつだった。どうやら、今思うと在来種だったらしい。

そして、マッカチンを捕る時は池で釣りをするのがよかった。

天王川のほとりに、浦和コーポラスというマンションになっている場所が、ガマ屋敷というお屋敷だった。西側には立派な門があったが厳重に閉じてある。しかも、ここは垣根がさらに厳重でなかなかもぐり込めない。

それでも、垣根のほころびを見つけてなんとか屋敷内にもぐり込むと、建物はなかったが、中央に立派な池があった。その池にマッカチンがたくさんいたのである。鯉や大きな鮒などもいた。が、小学生の手にはおえなかった。

そこで、もっぱらザリガニ釣りということになった。まずスルメの破片。あるいは、カエルの脚。最初にどこかで捕ったザリガニの尾の皮をむいた肉などを餌にした。これらを凧糸のような太い糸でしばる。そして、竹竿（竿というほどのものでなく、ただの棒である）に糸の一方を縛って、餌を水の中に入れる。しばらくすると、餌にザリガニがついてくる。それを、そうっと引き上げるのである。といっても、そのまま上げたのではハサミで軽く餌を掴んでいる程度のザリガニは、水面すれすれか、そのちょっと上ぐらいまできた時、異常な気配を察して手をはなしてしまう。するとポチャンとせっかくの獲物が落ちてしまって、これでは捕まえられない。

そこで、たいてい、一方の手に玉網をあらかじめ用意しておく。そして、餌にザリガニが取りついたら、竿をだましだまし、そうっと持ち上げる。一方、玉網をすこし離れたところに静かに入れ、これも、そうっと獲物に近づける。そして、逃げようとする一瞬を見計らってさっと網を動かしてザリガニと餌を一緒に網の中に入れてしまう。入ってしまえばしめたもの。それから、おもむろに網を上げるのである。このタイミングがなかなか難しい。しかし、ちょっと慣れればたいていうまくいった。

こうした作業をくりかえせば、ザリガニはいくらでも捕れた。そして、こうした池には、真っ赤な、大きなハサミを持った、ほれぼれするようなマッカチンがいっぱいいたのである。

高学年になると、植松博君や花井康孝君など、級友たちと連れ立ってよく別所沼へ魚釣りに行った。彼らはとても釣りが上手だったが、私は下手だった。水面のウキを見つめて今か今かと待っている。すると、ウキが二、三回すっと沈む。その瞬間を見計らって上げると、体長五〜六センチのクチボソがかかっている。しかし、なかなかそううまくいかない。同じ時間、釣り糸を垂れていると、釣り上がる魚の数が断然違ってくるのである。彼らはアタリ、アワセルということがとても上手かった。が、そのコツが私にはどうしても掴めなかったのである。

その頃、別所沼で子供たちが夢中になって釣ったのは、クチボソや鮒だった。

これは、釣り道具屋に行って、アカムシという餌を買うところから始まる。釣り竿も安い三本つなぎのセットが五十円ぐらいだったか。それに玉網、釣り針や釣り糸、ウキ、ゴム管、鉛のオモリなどのセットを購入する。それにビクなどというしゃれたものはなかったので、バケツとか壜などを持って、意気揚々と出かけて行ったものである。

しかし、たいてい帰りはみじめだった。何時間も費やしてあまり収穫はなかったからである。それでもなぜか、とても楽しかった。この別所沼でもよく四つ手網を仕掛けている人がいた。

それから、透き通った手長エビがよく捕れた。これは、釣り道具屋で売っている、真ん中に穴があいた置き壜というものを使う。この壜の中に餌を入れ、水中に紐をつけて下ろしておく。そしてしばらく置いておき、頃合いを見計らってそうっと上げる。すると中に何匹かのエビが入っているという仕掛けだった。

この壜もわが家では買ってもらえなかった。だから、これをやっている人たちがとてもうらやましかったものである。

いつの頃からか、別所沼ではボート場が開業する。そして、そのボートの合間をぬって電池と小さなモーターをセットした手作りのモーターボートの模型を動かす人がだんだん増えてきた。これらの人たちの立ち居振る舞いを眺めるのも、とても面白かった。そして、工作好きの私には彼らがうらやましくてしかたがなかった。こうした装置やキットなどを乏しいおこづかいで買ってもらうことなどは、わが家では夢のまた夢だったからである。

模型屋さんが繁盛してエンジン付きの模型飛行機を売り出し、それを飛ばす人が目立つようになるのも、この頃からのことだった。

※子供が大人用の大きな自転車に乗る際に、自転車をやや斜めにして立ち漕ぎのようにする乗り方。ハンドルからサドルまで一直線のパイプがあり、子供はサドルに腰掛けることができなかったため、三角形のフレームに片足を突っこみ、反対側のペダルに足を乗せて漕いだ。

9　二十四年一月、宗吉じいさんが亡くなった

戦中から戦後にかけて、私にとってとても懐かしい思い出をたくさん与えてくれた祖父の宗吉じいさんが亡くなったのは、昭和二十四年一月二十九日のことであった。享年七十六。

戒名は慈徳院春岳宗渓居士。葬儀はもちろん父の実家の入間市二本木の家で行われた。そして、今は入間市二本木の寿昌寺にある、寛文年間から続くといわれるわが家の墓地に、平成四年四月二十三日に亡くなった私の父と一緒に眠っている。

その祖父死去の一報を聞いて、父に連れられて浦和から二本木へ、とにかく急いだ時の一シーンが妙に記憶に残っている。それと、葬儀の日

のことである。

その時、私は七歳と十ヵ月。三学期を迎えたばかりで小学二年生がそろそろ終わりにかかる頃だった。その頃、昭和二十四年の一月といえば、まだ所沢駅発、宮寺行きのバスの便は、今のように完璧ではなかった。引っ越しの時こそ、通しでトラックに乗って二本木から浦和まで行ったこともあったが、その後、年に五〜六回は往復するようになった父の二本木行きは、さまざまなルートをたどったものである。

とくに多かったのは池袋〜所沢回りのコースと、大宮〜川越〜高麗川〜箱根ヶ崎回りのコースの二通りであった。

しかし、その当時はとにかく鉄道の連絡が悪く、どういうコースを取っても、片道約三時間あまりはかかったものである。その不便さゆえに、父は浦和の師範学校へ入学して以来六十五年間ついに、再び故郷の住人になることはなかったのだと思う。

けれども長男だったせいか、そうした罪滅ぼしの思いもあったのだろう。とにかくよく実家へ帰った。そういう時は、いつも私たち兄弟四人のうち、交代で必ず誰か一人、時には二人のこともあったが、連れて行ってもらえた。そして、その二本木行きが少年の日々にとって何よりの楽しみだった。「二本木へ行く」という日は、誰が指名されるか、みんなかたずをのんで父の口元を見つめたものである。

一方、お彼岸になると、母は自分の実家、川越市上松原の忍田家へよく行った。だから、いつも順番に二人はどちらかへお供をすることができた。したがって、わが兄弟はみんな、二本木のことも、松原のことも昔のことは精通している。そこで今でも時折兄弟の間では、「あの時はどうだった、あそこはどうなっていた、どこどこへ行った」などと二本木や松原へ行った時の様子が話題になることが多いのである。

松原の方は大家族で、泊まった翌朝、みんながずらりと土間に面した居間に並んで、めいめい自分専用の箱膳で食事をしていた風景が懐かしい。一方、二本木では囲炉裏に誰彼となく次々とくべるソダのはぜる音と、煙くて目が痛かったもうもうたる煙が懐かしい。この家の風呂はやはり薪を燃やして温めるタイプのもので、湯に入っている時も、結構煙かった。

さて、浦和から二本木へ行くコースだが、最初は川越経由のことが多かった。今は新幹線の立派な駅舎となってしまって全く面影がないのだが、その頃、大宮駅の川越線のホームは、跨線橋を渡った西の果ての向こうの方に小さく、さりげなくあった。

そして、京浜東北線のホームとはずいぶんと隔たっていたものである。定刻のすこし前、そのホームへ蒸気機関車が貨車を何両か繋いで入ってくる。その機関車はなぜか、大宮駅のホームに入ってくる時は、いつも後ろ向きなのである。それに客車を繋いでくる。といっても、一番始めは文字通り、貨物用の貨車の時の方が多く、人間も貨車に乗せられたものである。

買い出しの客が多かったせいだろうか、リュックサックを背負った人が多く、女性もみんなあの頃はいつでも両手に山ほどの荷物を持っていた。

川越線は昭和四十八年頃までＳＬだった。このＳＬで日進、南古谷、川越と駅を結んで走って行く。

川越市の在にあった母方の里へは、川越からバスで行く。しかし、昭和二十一～二年の頃はまだバスもなく、約一時間、四キロほどの道のりを歩いて往復した。この頃は途中で見かける農家の蔵などがまだ迷彩を施したままだったのが印象的だった。そして冬場はほとんど水が枯れている不老川が、夏場になると水量が増えぐんぐんと勢いよく流れる急流に変わる。そうした光景を立ち止まって眺めるのも楽しみの一つだった。

いずれにせよ川越線に乗るチャンスは、この頃はとても多かったのである。

さて、箱根ヶ崎経由で二本木へ行くには、川越からさらに的場、笠畑、武蔵高萩などいくつかの駅を経て、高麗川の駅まで行く。ここで八高線に乗り換えるのである。そして、金子駅か箱根ヶ崎駅まで行く。たいていは箱根ヶ崎へ行くことが多かった。しかし、ここからは歩きである。約二キロ近くはあった。その道のりを歩くのは、とくに八月の夏の暑い日などはたいへんだった。

ようやく二本木の家に到着すると、お志加ばあさんが「暑かったんべえや」と、いって井戸で冷やした冷たい西瓜などを出してくれる。これが、ことのほかうまかった。

このコースはとにかく時間がかかる。父は南側の店の部分の二階に一泊することが多かった。そして、薪割り、水汲みなどの家事を手伝う。

その頃、屋敷の中央にある、上下で百坪もある養蚕家屋には何人もの疎開者が住み込んでいて、アパートのような感を呈していた。一般に住宅不足だったので、空き屋を人に貸していたのである。

しかし、疎開者たちはめいめいが座敷の畳の上で七輪を使って焚き物をしたりするので、それ以来、この豪壮で立派だった建物は急速に傷んでしまった。そして、昭和五十年代にはついに老朽化のため取り壊されてしまって、今はないのがまことに残念である。

二本木に行った日の帰りもまたたいへんである。すこし早めに、三時過ぎには家を出る。再び箱根ヶ崎駅へ、高麗川から大宮へという逆コースをたどって帰ってくる。

この時の忘れられない光景がある。それは列車から見る日没の時の夕日がことのほか美しかったことである。そして高麗川の鉄橋を渡る時、たいていこのあたりで夕日が見られたのだが、その足元のこの川の土手を小さなＳＬが走っているのが見えたことである。それは、堤防護岸工事のためのトロッコのレールが敷かれており、その土運びのためトロッコを牽引する機関車が走っていたのだったと思う。通過する一瞬、その機関車が走っている様子をちらりと目撃するのがとにかく楽しみだった。

戦後、すこし経つと、父は二本木へ行く時に池袋回りで行くことが多くなった。このコースの場合は、京浜東北線で赤羽へ。さらに赤羽線で池袋へという順序である。たしかに西武池袋線は今と同じところから出てはいた。しかし、その頃のホームには天井などなかった。つまり、今のような大きなビルの一部ではなかったのである。

その当時は、西武線はたしか西武農業電車といったのではなかったか。コヤシくさいなどと悪口をいわれたものである。たしかに、池袋を出てからすぐ、まだそんなに走らないうちにもう畑となり、あとはずっと畑だらけであった。この沿線では田んぼは全くといっていいほど見られな

い。一方、川越線の南古谷〜川越間には広大な川越田んぼが広がってい
る。双方の景観はそこが大きく違っている。
二本木へ行くのに国鉄を利用しての高麗川回りでなく、西武線の所沢
で下りて、坊村とか宮寺行きのバスで行くというのがスタンダードなコ
ースとなるのはもうすこしあとのことである。しかし所沢から二本木ま
でだと約六キロあまりもあり、この道を歩いて行くのはなかなかたいへ
んである。そこで、所沢から電車で川越の方へ向かえば入曽駅、飯能方
面へ向かえば武蔵藤沢駅まで電車で行って、そこから歩いて行くという
コースを取ることが多かった。
宗吉じいさんの亡くなった日、私と父は入曽から二本木へのこの道を
急いでいた。とにかく父の足は速い。その様子を見ていたらしい、途中
ですれ違った農家のおばさんが見兼ねてこういったという。「かわいそ
うに、あれじゃ、あの子はずーっと駆け通しだんべえや」

ただでさえ足が速いのに、自分の父親が亡くなったので、父は一段と急ぎ足となっている。その大人の足についていく子供はたいへんである。六キロの間、走り通しになってしまったのはやむを得ない。しかし、こうした苦労の末、とにかく、二人は二本木の家についた。

葬儀の日、南側の店の奥座敷で法要が営まれた。親戚の人も村人もたくさん来ている。しかし、もうじき八歳になるという年齢なのに、不謹慎なことに、その時の私は法要の間中、従兄弟の誠と顔を見あわせては「くすくすくすくす」笑ってばかりいた。とにかく焼香にせよ、お経にせよ、坊さんの一挙手一投足、そしてみんなの行為が意味もないのにおかしくてしかたがなかったのである。「おじいさん、ごめんなさい」。

その頃はまだ埋葬方法は土葬だった。したがって、埋葬のために墓を掘ると別の人骨が出てくる。その頭蓋骨を手に持って、ふざけて「これは誰々さんだなあ」などと大人たちが楽しそうにやっていた光景が、なんだか今思うと不気味だった。

わが家の菩提寺である寿昌寺には、墓地への入り口の脇に閻魔様の石像がある。その石像は今でもあるのだが、六十年前はお堂がなく、裸で大きな銀杏の木の下に立っていた。祖父を葬る日もそうだったが、その後も墓参のたびに、閻魔様にふざけて吸いかけの火のついた自分の煙草を口にくわえさせたりしていた父の弟二《じん》は四十九歳で、ガンのため亡くなってしまった。

昭和三十七年十二月九日のことだから、宗吉じいさんの死から十三年後のことである。戒名は仁岳永照居士。あの頃の元気だった叔父さんの姿を思い出すたびに、「閻魔様とあんまり親しくつきあったために、早めに呼ばれてしまったのではないか」と思えてならない。

兄であるわが父が八十歳で亡くなったのは、平成四年四月二十一日のことだから、その寿命は年子の兄弟なのに、三十年も違ってしまったのである。ゆめゆめ閻魔様をからかったり、ばかにしたりしてはいけないと、この時の体験から肝に銘じている。

さて、浦和から二本木へのコースのことだが、祖父が死んだ日、西武新宿線の入曽から歩いて行ったということは、その頃はまだバスの便はよくなかったということを示している。距離も六キロ以上あったろう。

しかし、その頃から徐々に二本木行きはバス利用が一般的になっていく。

その場合は、まず浦和~所沢線のバスを利用する。つまり、西武池袋線経由よりもっと便利な浦和~所沢間のバスの便ができたのである。浦和駅を出発したバスは別所沼の脇を通り、志木、宗岡などを過ぎて、旧所沢街道をひた走り所沢駅へ向かう。別所沼を過ぎ萬店という老舗の鰻屋さんの前を過ぎればもう両側はずっと田んぼ。今のように切れめなく家が続く状況とは全く違っていた。

荒川の橋も今よりはずっと小さかった。そして、志木の町並みがすばらしかった。まだ道路の中央に溝があり、河岸場、宿場の面影を色濃く残していたものである。

その頃の所沢駅前には人力車が客待ちをしていたし、その駅の真ん前には大きな銅像があった。この銅像は今は所沢の航空公園の中に移されているが、当時は駅前に立っていた。大正二年三月、日本で初の航空機事故で散った木村、徳田両中尉二人の銅像である。

そして、その銅像の周りにいつでも小さく伐った薪、つまり木炭自動車用の木炭がいっぱいに広げられており、乾燥させていたものである。当時はまだ、木炭自動車が主流の時代だった。

所沢から宮寺方面を経て箱根ヶ崎行きのバスが通じるようになると、二本木行きはもっぱらそれを利用することが多くなった。その場合は、坊村というバス停で下りる。そこから約一キロぐらい歩くと二本木の家につく。高麗川回りや、武蔵藤沢からの徒歩コースよりははるかに近く、便利になったのである。

しかし、問題も多かった。初期の木炭バスはとにかく力がなかった。したがって、平地ならなんとか順調に走るのだが、坂に弱い。しかも、ちょっと大きな石などがあると、もうそれを乗り越えられない。そうやってエンコしてしまうとよく車掌さんが下りていって車体の下にもぐって障害物の石を取りのぞいたりしたものである。

この時代のバスは必ず運転手と車掌が二人、ペアで乗務していた。車掌は若い女性が圧倒的に多かったが、時には男性の車掌もいた。いずれにせよ腹の部分に大きな口を開けた、切符とお金を入れた独特のカバンを首からぶらさげていたものだった。

あれはいつのことだっただろうか。やはり二本木からの帰り道。今でも忘れられない経験がある。今、早稲田大学の人間科学部の校舎が建っているあたりでのこと。もう日がくれて、あたりは真っ暗となってしまった坂道の途中で、この木炭バスがエンコしてしまったのである。

その時はたまたま最後尾の座席に座っていた。したがって、後ろをふりむくと窓ガラス越しに目前に木炭バスの大きな釜が見える。その釜へ運転手が一生懸命木炭を投入し火力を上げている。大きな火炎が立っていて、座席にいても熱い。窓ガラス越しに熱気が伝わってくるのである。それをしばらくじっと眺めていたら、完全にのぼせて、気持ちが悪くなってしまった。今でもその時のことを思いだすと不愉快である。そんな木炭バスが、町と町をつなぐ最も重要な交通機関だったことも、今となってはたいへん懐かしい思い出である。

しかし、木炭バスの時代はそう長くは続かなかった。ガソリンエンジンのついたバスやジーゼルカーのバスが急速に整備されるようになると、こうした悩みも解消され、バス旅行も断然、楽しいものに変わった。

エンジン部分が運転席の前にズーッと突き出したボンネットバスも当時はあるにはあったが、この浦和～所沢線では、かなり早い時期に今と同様、前が真ったいらなジーゼルエンジンつきのバスが投入される。その運転席の近くに座るのが、当時の子供たちにとっては何よりの楽しみだった。運転手と同じように進行方向がよく見える。それが、自分が運転しているような気がしてとても楽しかったのである。

そして、乗客である私たちと運転手との間には、丸い大きな釜のようなものが控えていた。そこがエンジンを装着している部分である。運転手は走行中、長い、大きなギアチェンジのレバーを頻繁に操作する。そうした運転手の一挙手一投足がとにかく格好よく、面白そうでまぶしかったものである。

10　二十四年、オヤジは相続とサッカーに忙しかった

昭和二十四年一月に、私にとっては祖父にあたる宗吉じいさんが亡くなってから、オヤジはこの年の春から秋にかけて、以前にも増して断然忙しくなったようである。

その第一の理由は、二本木の家屋敷、畑などに関する相続問題が発生したことにあった。そして、四月には長女ではあるが、末っ子で私たち男三人兄弟にとっては妹にあたる麗子が生まれている。

また、この頃、父は浦和高校のサッカー部の監督もしていて、試合のためにいつも東奔西走していた。そして、この年は秋の国体で優勝するという記念すべき年となったのである。

浦和高校の同窓会館である「麗和会館」には、その時に貰った賞状が今も選手、関係者全員との記念写真とともに飾ってあった。その賞状には次のように記されていた。
「蹴球　全国高等学校第一位　浦和高校
　第四回国民体育大会秋季大会で上記の成績を収めたので表彰する
　昭和二十四年十一月三日　第四回国民体育大会会長　東龍太郎」
　さらに、当時、浦和市高砂町に住んでいて、『水明』という句誌を発行していた女流俳人の長谷川かな女先生が主宰する会に参加し、俳句もやっていて句会にもしばしば出席していた。
　そして、埼玉地理学会の会員として研究活動も続け、研究発表などもしていたようである。

映画も毎週のように観ていたようだし、おそらく、忙しくはあったが、八十歳で終わった父の人生にとっても最も充実した年の一つであったかもしれない。

しかも、その間、田中一の唯一の著作といってもいい、専門の人文地理をテーマにした本の出版までしている。その本とは清水書院から出した、社会科郷土シリーズの中の一冊、B6判の活字本『わが郷土埼玉県』である。

この本はその後は、当然のことながらわが家の父の書棚にいつもあったが、後に浦高生になった時、学校の図書館の棚で見つけて、なんとなくうれしく、また誇らしくなった記憶がある。

父の当時の日記によると、この本は六月三十日に脱稿して、八月末には出版されている。原稿料は二万円だったとか。当時の物価から考えると報酬の金額としては結構大きかったのだろうが、しかし、またたく間に生活費に消えていったようだ。

さて、妹の麗子が生まれた日のことである。

彼女が生まれたのは、昭和二十四年四月十七日で、その日は日曜日だった。その時間、父はサッカーの試合の立ち会いで大宮の競技場へ出掛けて行って留守だった。が、四時頃戻ってきてみたらハモニカ長屋の前に見慣れたお産婆さんの自転車が置いてある。そして私と潔が和久を連れて戸外で遊んでいた。帰ってきた父の顔を見て、となりの柴崎先生の奥さんが「もうすみましたよ」といったとか。

生まれた子が女の子であると知った時は大喜びであった。なぜなら、すでに上に三人もの男の子がいたからだ。後に「もし和久が、女の子だったら、お前はきっとこの世にいなかったな」とよく父にからかわれていたものである。それほど、父は女の子を欲しがっていたのだ。

その待望の女の子に「麗子」と名づけたのは、麗和サッカークラブの名前からきている。「麗和」は浦和の別名でもあった。そして、和久が生まれる時から、すでに「女の子だったら麗子にする」と決まっていたという。

このお産に関してはとにかく柴崎先生の奥さんがよく手伝ってくれたので、父も母も大いに感謝していた。

六月頃から相続問題が発生してほぼ片づくまでに半年以上。十二月まで続いたようである。

年末には「薫が時計が読めなくて困るから」といって、大きなゼンマイ仕掛けのボンボン時計（柱時計）を買って長屋の柱にセットしたのもこの年のことであった。この時計は北浦和駅の踏切の近くにあったまつもと時計店で購入した。この店は今でも同じところで時計屋さんをしている。大きなゼンマイを巻くタイプである。踏み台の上に登ってその時計を巻くのも、通常の父の仕事であった。あれは、毎日というわけではなかったが、何日巻きの時計だったのだろうか。

私はすでに熊倉学級の『仲よし新聞』の編集スタッフとなっていた。

そして時折父が、岩波文庫などを読んでくれたのもこの頃のことである。それは『ガリバー旅行記』『宝島』など。その記憶は今でも忘れられない。

11　石井さんという変わったおじさんがいた

「ニコヨン」といっても、今の若い人たちにはなんのことか全くわからないだろう。昭和二十四、五年頃は『失対』、つまり失業対策事業で、市町村に雇われて道路工事などに従事している日雇労務者のことをそういった。

これは、一日に労賃が二百四十円であったところからきていると聞いている。こうした制度は昭和二十四年から始まったようである。この時代はこうした俄《にわ》か労働者たちがさまざまな工事に動員されたので、複数の人たちが群れになって作業に従事している姿があちらこちらで見られた。しかし、彼らの仕事ぶりはあまりハツラツとしてはいなかった。高齢者が多かったからである。

浦高のハモニカ長屋の住人として忘れられないのは、こうしたニコヨン労働者の一人が、浦高の校内に住み込んでいた時代があったことである。しかし、なにしろその頃、私はまだ小学生だったから、なぜそういうことになったのか、詳しい事情は正確には知らない。が、かいつまんでいうと、こういうことである。

戦後、今は門柱だけが残っている浦高の正門、つまり、浦高通りに面した門を入った左脇に門番の小屋のようなものがあった。たとえていえば、よく工場の入口などにある守衛のオフィスのようなものである。しかし浦高の場合、常時守衛がいて通る人をいちいち誰何《すいか》していたわけではない。はたして、その小屋はいつからあったのだろうか。

たぶん、昭和十二年に旧制浦和中学が鹿島台から領家のこの地に引っ越してきた時にはすでにあったのだろうと思う。しかし、戦後のこの頃は、本来の目的では使われてはいなかった。

その小屋に住み着いていたのが、石井さんというニコヨンだったのである。その人の姿はいつもかなり異様だった。もう五十歳もかなり超した年だっただろうか。小柄でかなりやせこけていて、いつも髪の毛はボサボサ、着ている服も正直にいってボロかった。その人が、実際に多くの労働者に混じって、道路工事の現場で働いていたのを見かけたこともある。

なんでもオヤジの話では、この石井さんはかつて、この浦高が旧制中学だった時代には用務員をしていたことがあるのだとか。というわけで、古くから勤務している教員たちはみんなよく顔を知っていたようである。したがって、教師たちがその人にきつくあたるようなことはなかった。住宅不足はまだ、全国的な大問題だった時代のことである。大目に見ざるを得なかったのではあるまいか。

しかし問題だったのは、この人、しょっちゅう屋根の上に、ふとんを干すのである。しかも、そのふとんがすごい。とにかくボロボロだった。ふとん皮はとうの昔に破けてしまい、中身の綿がいっぱいはみだしていた。それはもう、とても、ふとんとはいえないしろものだった。

たぶん、日曜日のことだったのだろうか。校内を抜けて、浦高の正門前にある圭文堂という本屋さんへ本を買いに行く時など、しょっちゅうそうした姿を見かけたものである。おまけに、わずかの洗濯物も校門の脇にいつもはためいている。その光景は、美しいなどとはほど遠かった。

だからというわけではないが、学校としては最も目立つ場所に住みつかれてしまって、ほとほと困っていたようである。なにしろ、場所が正門の脇なのである。たくさんの人が常時出入りするいわば玄関口に、乞食のような身なりの人が住みついていては、イメージが悪いこと甚しい。

というわけで、どんな交渉が成立したのか、一〜二年すると、この小屋は住民ごと、校庭の北西裏にあったテニスコート脇の神社のとなりへ移築されてしまった。

　この時代はとにかく、一般的に日本中の衛生状態が悪かった。そして、日本脳炎騒ぎなどはしょっちゅうだった。日本脳炎にかかって誰かが死んだ、などという新聞記事は、日常茶飯事だったのである。

　当時は下水が不備だった。まともな下水設備などはほとんどなかった時代である。台所の排水は地面にいきなり掘っただけの、粗末な排水溝に直接流れる。しかし、洗濯機はまだなく、木製のたらいの中に洗濯板を入れて、大ぶりの洗濯石鹸や粉石鹸をつけて、ごしごしと二本の腕でこすって洗う。わが母親もまだ三十代で若かったとはいえ、育ち盛りの男の子三人と、オヤジの分の洗濯を毎日欠かさず続けるのは、さぞやたいへんなことだったと思う。しかし、そうした洗濯風景は、この当時は、どこの家でもあたりまえのことだった。

下水の排水は主として生活用水である。しかし、流れが悪い。いつも何かゴミがつっかえていて澱んでいる。そこへボウフラが湧く。それで蚊が大量に発生する。夏の夜はいつも蚊帳を吊って寝ていた。もちろん蚊取線香もあり、併用はしていた。しかし、夜寝る時は蚊帳のお世話になることがほとんどだった。

蚊帳というのは一般の道具なのか寝具なのか。とにかく面白い装置だった。蚊よけのために麻で作った緑色の編み目の荒いネットをふとんの上にはりめぐらせるのである。四隅には紐があり、その先に真鍮の直径十センチぐらいの輪がついている。その輪を部屋の四隅にあらかじめ装着してある金具に引っかけるのである。蚊帳自体は底の抜けた立方体の形をしている。吊られた蚊帳の中に入ると、独特の閉鎖的な空間が子供たちにとってはとても楽しかった。そして、毎朝のように、たたむのを手伝わされたものである。

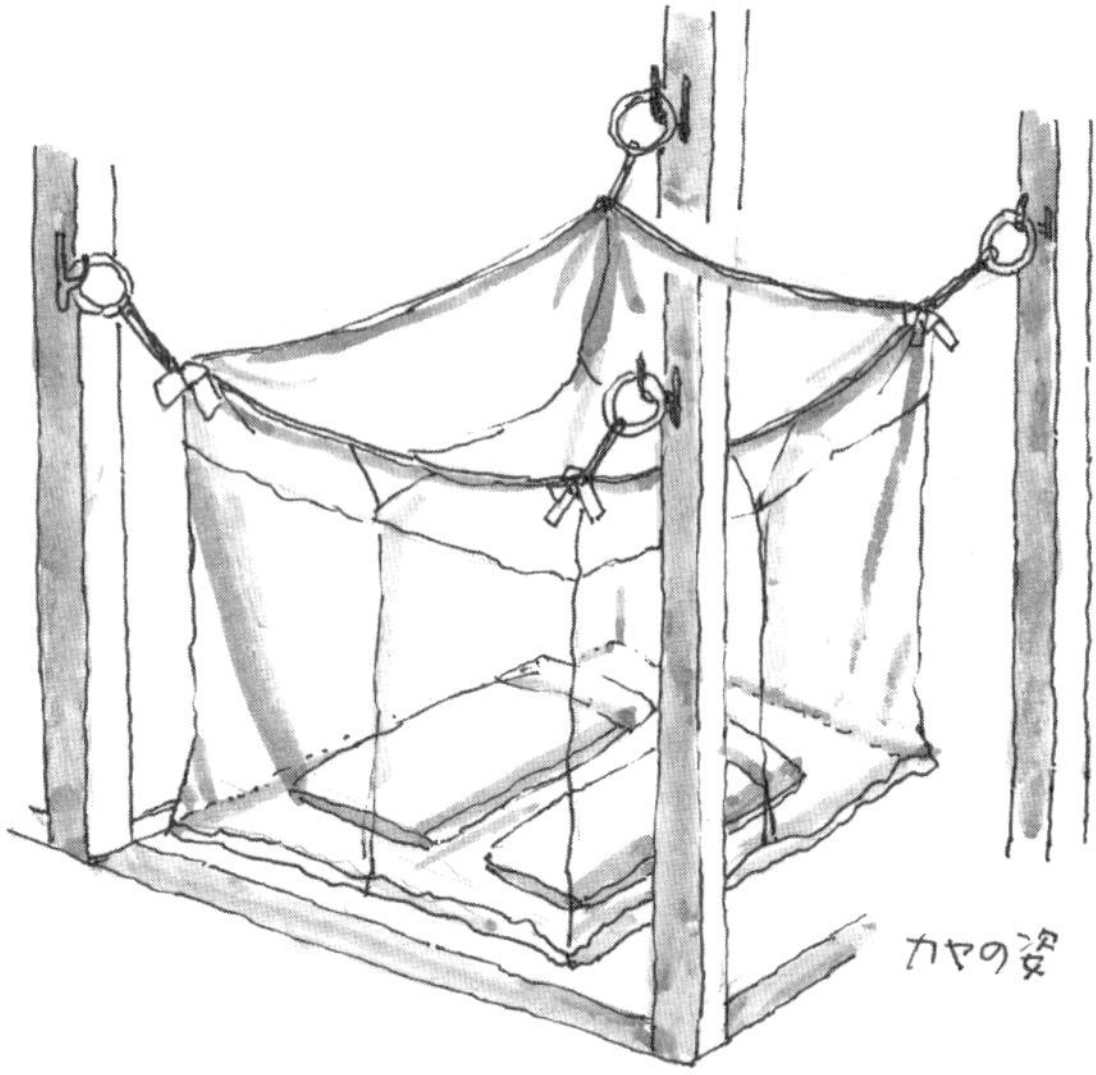

蚊帳はよく穴があいた。ちょっとした穴でもあると、一晩のうちにはどこからともなく何匹かは蚊が中へ入ってきて、寝ている人の血を吸っている。それを毎朝、父がバチンと掌で叩いてつぶすのである。まず蚊帳の一部をツンツンと少し引っ張る。すると止まっていた蚊が飛び出す。そこをすかさず狙う。こうしたこと自

体が夏の風物詩だったのだ。

それで、時折日本脳炎騒ぎが起きるのである。日本脳炎は蚊が媒介して感染する。したがって、近所の誰かが病気になって、日本脳炎と判定されるとたいへんである。「伝染病」というこれらの病気をさす言葉は、どこか恐ろしいニュアンスを持っている。

発生の一報が入るとすぐ保健所がやってくる。そして、町内の下水、トイレなど、蚊、蛆などが発生しそうなところは、もうもうと白い煙をあげて消毒薬を撒き消毒するのである。そうした光景がこの時代はあちこちで見られたものだった。

それから恐ろしかったのは、回虫である。この頃、サントニンとかいう虫くだしを毎年のようによく飲まされた。実際、トイレで自分の尻から太い回虫が何匹か出てきたのを見たこともある。その時はとても気味が悪かった。

この時代は肥料が下肥という、人間の糞尿が上等とされていた。わが家の家庭菜園にも撒いていたし、よく汲み取り屋が汲み取りにきた。回虫はもっぱら、下肥を使って育てた野菜を食べるせいだといわれた。回虫問題は、いわば、当時の日本人全体の問題だったのだ。

ハモニカ長屋のトイレは、もちろん汲み取り式だった。便所の金かくしの下には大きな瓶が埋められている。そこへ糞尿を溜めるのである。毎月一回、汲み取り屋がやってきた。そして、天秤棒の前後に木製の桶を二つ吊り下げ、それにいっぱい汲み取って、腰をふらつかせながら運んで行く。それを牛車の上に載せるのである。そしてトボトボと引っ張って運んで行く。のんびりした風景だが、その作業が始まると近所中が臭くなるのは閉口だった。

瓶がいっぱいになる頃小便が多くなると、全体に水っぽくなる。すると、固形物が落ちた時、水分が跳ね上がる。下手をするとその水滴が自分の尻のほっぺたにピチャッとつくことがある。それは、ひんやりとして冷たい。そして、不潔である。こういう便所のことを「おつりがくる便所」と、こう呼んだ。

この時代は、まずトイレといえば、これがスタンダードな形式だった。今の子供たちは生まれた時からウォシュレット、なんという大きな違いだろう。

昭和二十七年、北浦和の鉄筋コンクリート造りの県営アパートに引っ越した時は、「水洗便所である」ということと、「水道の蛇口が三つもあって、洗面所がついている」ということに驚き、すごい文明生活者になったような気がして、六

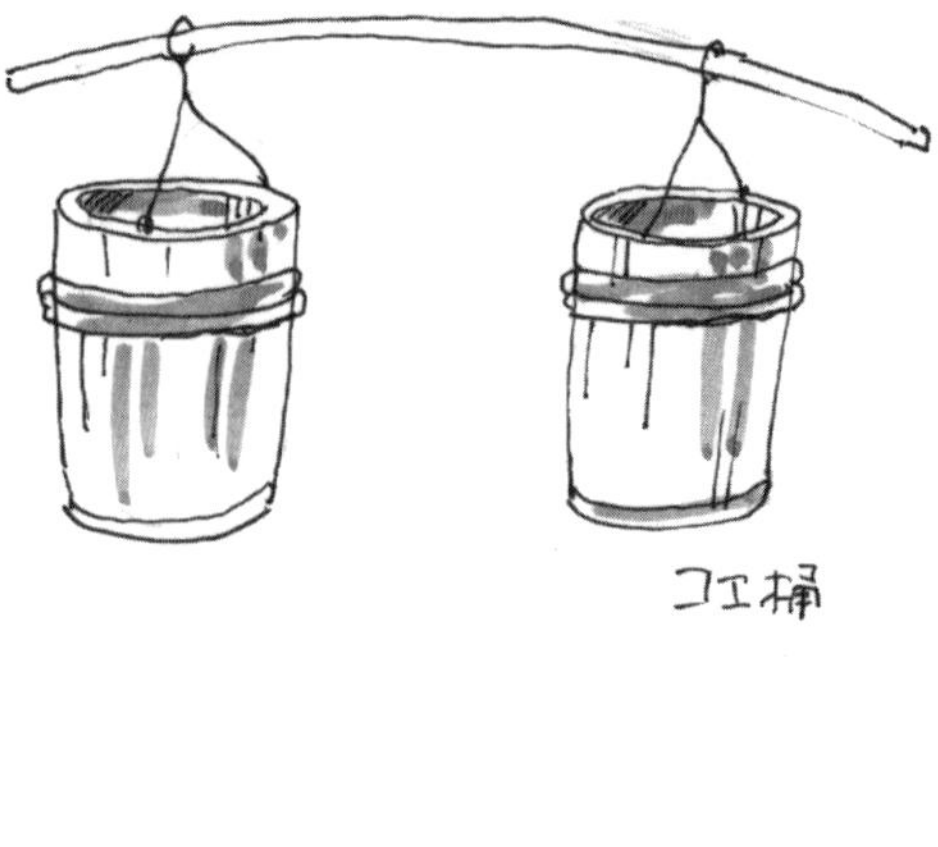

人家族を感動させたものである。

さて、日本脳炎がはやっていた頃、浦和高校のグラウンドの南の隅には、まだ祠堂林という林が残っていた。この林は、ハモニカ長屋の子供たちにとって庭のようなものだったが、夢の林であった。杉とか栗の木、エゴなどさまざまな雑木が繁っていた。

そして、秋になると野アザミの花やワレモコウなどの花が咲く。ミニ武蔵野のような観を呈していたのだ。夏はススキのような植物がうっそうと繁茂する。その林の中央に、もともとは弓道場があったが、当時、それは全く使われていなかった。そして本来、矢が飛んでいくはずのスペースがいつも草ぼうぼうだったのである。

矢を射る方の建物は、格好の一戸建て住宅として使われていて、後に浦和高校の校長となる小関一郎先生の一家が住んでいた。浦高裏通りにちゃんと木戸もつけられていたのである。長屋の住人とは別格の感じであった。

もう一方の、的を置く方の建物は、初期には本来の目的にかなった原形をとどめていたような気がするのだが、やがて朽ち果ててしまった。

真夏、子供の背丈以上の草ぼうぼうの中をかきわけてトンボなどを追っていくと、ある時そのど真ん中に、ぽっかりと草がなぎたおされて空間になっていて、ゴザなどが敷いてある時があった。こんなところでままごと遊びをするわけもなく、子供心にはなんだかよくわからないのだが、妙になまめかしい思いがしたものである。

この祠堂林のどこかで、ある日、五、六人の同じ年頃の子供たちが集まって、もちろん女の子も混じって「お医者さんごっこ」なるものをしたこともあった。お互いにおなかなどを触って、何か、診察のまねごとなどをするのである。これも、今から考えてみると妙になまめかしい遊びだったような気がする。

その仲間の一人だった女の子がそれからまもなく日本脳炎にかかって、気の毒にもあっけなく亡くなってしまった。

その後の日本の高度成長と、鼻たれ小僧だった私たちの思いもかけない生活の変化を思う時、「もっと生かしてあげたかったなあ」と思う。こうした無念の死をとげた人たちは、せっかく戦争による被害はもうなくなった、平和な時代がきたのにもかかわらず、まだまだとても多かったのである。

12　メンコとクジと駄菓子屋さん

昭和二十年代の初めの頃、少年たちは学校から帰ってくると、いつもどんな遊びをしていたのだろうか。とりとめもなく過ぎし日々のことを思い出してみても、いろいろな種類の遊びがあったことが思い出される。

その頃はまだ、学校から帰ってきてすぐ塾に行くなどという習慣はなかった。というより、塾そのものがなかったのである。したがって、家庭教師などがついているという子もきわめて少なかった。もちろん、わが家では皆無であった。

学校から帰ってきてからも、予習復習などを一生懸命にしたという記憶などはほとんどない。しかし、当然のことながら、そのぶん成績は悪かった。けれども、なぜかそんなことも全く気にならなかった。

宿題といえば、夏休み。もうあと何日かで、終わりという時期になって、急に工作を始める。そして、始業式の日にその力作を持っていく。熱心に何か一つのことに熱中してやったことがあるとすれば、せいぜいその程度だった。

紙芝居屋さんとのつきあいについては、すでに触れた。一方、近所の駄菓子屋さんは子供たちのよい夢の遊び場だった。そこで売っている商品の主なものはメンコ、ベーゴマ、クジ、そして日光写真などたくさんあった。

そうした店で買った商品を使うか使わないかにかかわらず、わが兄弟は近所の野原で遊ぶことが圧倒的に多かった。なにしろ裏は草深い野球場である。そのはじっこに住んでいるのだから、遊ぶスペースにはことかかなかった。したがって、野球、とくにキャッチボールはよくやった。

同じ長屋の竹内くんが相手のことが多かった。彼はすごく球技がうまかった。しかし、相手をする私ときたら運動神経が鈍く、とにかくスポーツは下手だったので、彼の相手としては不満足だった。ずいぶん迷惑をかけたと思う。

彼の動きはしなやかで、とても敏捷だった。それに引きかえ私は肩が弱く、投げてもボールが遠くまで飛ばないし、コントロールが悪いことおびただしかった。したがって、なかなかまともなキャッチボールにならなかった。おっかなびっくりで、すこし早い球だともう受け取れない。そして、打つのも下手。ホームランどころかバットをボールがかすることさえ少なく、三振をくらうことが多かったから、こと野球に関しては、あまりいい思い出はない。

それはとても悲しいことだった。この時代の男の子にとっては、健康な体の持ち主なら、野球に参加しないですませるということはありえなかったのである。また、チャンバラごっこもよくやった。これは、刀のかわりになる、適当な竹の棒があればよいのである。一人一本。宮本武蔵をきどってか、大小、というより長短、二本の竹の棒を持って「二刀流」ということもよくやった。

さらに、竹の棒に木片で銃の台座のようなものを作って、鉄砲まがいの道具を手作りして戦争ごっこをやったこともある。それに、輪ゴムが撃てるような仕掛けをセットしたこともあった。そうした道具を手に手に持って、夕方、数人で何時間も野原を駆け回るのはことのほか楽しかったものである。

そして、夕方、ＮＨＫラジオの「緑の丘の赤い屋根、とんがり帽子の時計台……」などという歌声が聞こえてくると、突然みんな熱中していたことをやめて、三々五々と家へ帰って行き、ラジオ放送に耳をかたむける。その後、北村寿夫作「新諸国物語」などという放送にも熱心に耳をかたむけたものである。

ところで野球に関して思いだすのは、昭和二十二年頃、父が買ってくれたグローブのことである。それは今では考えられないのだが、豚の革で作った製品だったのだ。しかし当時は、今日のような牛革製の立派なグローブやミットなどはまず考えられなかった。それ自体がまだ市場にあまり出ていなかった。だから、なんらかの野球道具を持っている子の存在自体がごく稀であった。

その頃の標準的な装備は、ミットもグローブもズックの布地で作られたものが主流で、その一部、球の当たる真ん中だけが革で補強してあるというスタイルが多かった。それどころか、こうしたミットやグローブを買ってもらえる子はまだましな方。母親の手作りのものを使ったり、自分たちで削った、まさに手作りのバットを使って野球をしたという思い出を持っている人たちもわれわれの前後の世代にはたくさんいる。

そして、ルールも自由自在だった。狭い場所でやる時や人数が足りない時は、三角ベースというのも多かった。人数が多くなると、プレイの下手な子はなかなか仲間に入れてもらえない。けれども、いい道具を持っていると、それを提供させるのが目的で仲間に入れてもらえるなどということは、しばしばだった。

うまい子はバカ当たりで大きなホームランを打ったものだった。ところが、家の前の狭い場所なので、あまり力が入りすぎると、近所の家の窓ガラスにまともに当たってしまうことがある。すると、たいへんである。ガラスが粉々になってしまう。ガラスそのものがまだ貴重品だった。そうした場合はたいてい母親が被害を受けた家へ謝りに行く。

それに伴いホームランでガラスを割ると、「弁償」という言葉がはやった。そして、すぐ連絡を受けたガラス屋さんがやってきた。その費用はすべて割った方の子の親が持つ。それで、一件落着。だがそれだけでは終わらない。あとでたっぷりと母親から叱られるという時間が待っているのである。そうした一連の儀式が終わって、やっと解放されるのだった。

駄菓子屋で楽しかったのはクジ。ベーゴマなども同様だった。クジには野球選手の写真が多かった。大きいものから小さいものまで壁に並んでいる。その下に新聞紙で作った袋がたくさんあって、中に小さな写真が入っている。その袋の一枚を引くと、中に番号が書いてある。その数字によって、より大きな写真が当たるという仕掛けである。

メンコもよくやった。が、小学校低学年で下手ときたら、いいカモだった。ようやく少ない小遣いで新品のメンコを買っても、すぐうまい上級生に取られてしまう。情けないことが多かった。メンコには丸メンと小さな短冊型の角メンがあった。その上に描かれた絵がさまざまな歴史上の英雄や力士、野球の選手だったりしてとても楽しかったものである。

私はメンコもビーダマも不得意だった。だから、あまり当時の子供の遊びの話をする人としてはふさわしくない。その後遺症は根が深く、今でもたいていのサラリーマンと切っても切れないといわれるゴルフ、マージャンの類、そしてパチンコ、競馬、競輪、競艇などには全く興味がない。そうした片鱗は、結局子供の頃からあったということになるのだろうか。

それだけでなく、プロ野球のこともあまり興味はなかった。それでも、選手の名前や球団の名前は知っている。大下、小鶴、別所、スタルヒンなどという。

一方、夏の思い出として懐かしいのは浦高の半水プールである。そういえば、あの頃は水泳ブームだった。それはフジヤマのトビウオ、つまり古橋・橋爪選手のめざましい活躍があったからである。日米対抗の水泳大会を真似てか、よく、プールで水泳大会が開かれた。「第一のコース、〇〇くん、〇泳会」などという、選手のラインアップを読み上げる独特のアナウンスの口調がとても懐かしい。水泳大会はずいぶんあとまでとにかく盛んだった。

あとで知ったことだが、この浦和高校のプールができたのはそんなに古い話ではないらしい。「昭和十九年（一九四四）七月十四日、水泳池（現プール）の開池式。これは生徒の奉仕に負うところ多く、竹筋コンクリート製。昭和四十八年に現在のものに改良された。」と、浦高の年表に書かれている。実際に、「あのプールはわれわれが作ったんだよ」という人にも出会ったことがある。旧制中学の最後の頃の世代の話である。

このプールのことを思い出すと同時に、その周囲にいつもきていたアイスキャンデー売りのことも忘れられない。

このプールは結構深い。通常は泳げない子供にとっては背が立たないので危険であった。それが十日に一回ぐらい、絶好のチャンスがくる。水替えの時である。半水程度の時泳ぎを習うのには最適だった。かなり小さい時からなじんでいたので、スポーツ嫌いではあっても、例外的に水泳だけは得意だった。それはひとえに、このプールのおかげであった。

プールは低学年の頃はまだ附属小学校にもなかった。そのため夏は埼玉大学の教育学部のプールへクラス全員が行った。しかし、こちらのプールは飛び込み台もついているくらいで、一部分はもっと深い。したがって、このプールへ行く時もやはり半水の時に限っていたのである。

しかし附属小学校にも、四年生の時には校庭の片隅にプールができた。市内の学校では早い方だった。

カバヤキャラメルや、紅梅キャラメルというのも懐かしい。

女の子たちが得意だったのはゴム段である。それから石けり、縄とびなど。一日中、庭で過ごす遊びはたくさんあった。

13 「デパート」といえば上野の松坂屋

もともと埼玉県の南部地域は、東京のベッドタウンとして発展してきたわけだから、昭和二十年代から、いや戦前から、都内へ通うサラリーマンの数は多かった。しかしわが家の場合、父の職場も地元の浦和にあり、母親も専業主婦であったから、「東京へ行く」という言葉の持つ響きには、独特のニュアンスがあった。とくに、昭和二十年代に浦和に住んでいたものにとっては、そうした感が余計強かったともいえる。

したがって、「今日は東京へ行く」、あるいは「東京へ行くので、連れて行ってあげる」という言葉を聞くと、いいようのないうれしさを感じたものである。

それはたいてい「東京のデパートへ買い物に行く」ということを意味していた。稀に上野の動物園だったり、どこかの大公園や美術館だったりすることもあった。

たしか、昭和二十三、四年の頃。母に弟二人と上野動物園へ連れて行ってもらった時のことである。下の弟はまだ赤ん坊で、母の背中におぶわれていた。その日はすごい混雑だった。水族館の中で「魚が見えない、見えない」と連発する弟に、母はなんとかちらりとでも見せようと抱き上げていた。水槽に熱中し、へとへとになって、ようやくにして出てきたあと、手に持っていた買い物袋に手を入れた母が、血相を変えてこういった。

「あれ、お財布がない」

まんまと、掏りにやられてしまったのである。

結局、その日はそのあとのデパート行きは中止。動物園近くの交番で帰りの電車賃だけを借りて、四人ですごすごと帰ってきたことがある。なんともつまらない一日だった。実際この時代、こうした掏り騒ぎはどこでも多く、とくに人混みではまずアウトであった。掏りが捕まったというニュースが新聞をにぎわせない日はなかったものである。

わが家の東京行きに関しては、「デパート」といえば上野の松坂屋へ行くということが多かった。もちろん銀座の松屋とか日本橋の三越、高島屋などへよく行ったが、なんといっても親しみがあっておなじみだったのは松坂屋であった。浦和から電車に乗って行くと、一番近いデパートだったからである。

上野までは北浦和駅から京浜東北線で三十五分ぐらい。だから、今とほとんど時間は変わらない。したがって、そんなに遠い距離ではない。が、わが家が東京へ行く日はそう多くはなかった。せいぜいボーナス時期を含めて年に数回といったところ。しかも六人家族が全員でということはめったになく、両親と一緒に連れて行ってもらえる定員はせいぜい二人。四人兄弟のうち誰か二人はいつも留守番だった。たとえば入学とか、卒業などというイベントを控えている誰かが関連の何かを買ってもらうという理由で有利であった。

服など何か身につけるものを買う時はサイズの問題などがあるので、本人がいないと都合が悪かったからである。

こうした新しい服や靴を買ってもらった時のことで思い出すのは、兄弟による反応の違いである。

私の場合は、真新しい靴とか洋服などを買ってもらうことはうれしくないわけではなかったが、喜びを新たにしてはしゃぐなどということはなかった。ところが、下の弟である和久は全く対応が違った。彼は、新しいものに敏感で、とにかく大喜びをするのである。それほど、心が素直な少年であった。しかし、理由はそれだけではない。

その背景には三男坊の悲哀というものがあったようである。とにかく上に三学年違いの兄が二人もいるということは、こと衣服や道具などに関してはハンディのかたまりだったのである。つまり、常に「お古専門」だったのだ。たとえば運動靴などの新品を自分のために買ってもらえるなどということはめったになかったから、「いつも、自分はお古ばっかり」という、強いコンプレックスを持っていた。

したがって、自分のために新品を買ってもらえた時などの喜び方は尋常ではなかった。珍しくそういうことがあると、とにかく大自慢で友達に吹聴しまくった。

それに対して、長男である私の対応は全く違う。原則的に衣服や靴、道具などはいつも新品であることが多い。親戚のお古で間に合わせるなどということもあまりなかった。父も長男だったので、少し年上の従兄弟が親戚にいるなどということもなく、したがって、従兄弟の使い回しが回ってくるなどということも私の場合はなかったからである。

いつも新品で、「それがあたりまえ」と、慣れてしまっていたというせいもあるのだが、もう一つは「恥ずかしがりの、引っ込み思案」という本質的な性格のせいでもあった。

とにかく、新しいものを着用して行って、学友から「お初！」と声を掛けられるのが嫌だったのである。ところが、そういう時にかぎって級友もめざとい。いつもはよれよれの着古しで過ごしているわけだから、靴や服などは新しいものであり、おろしたての新品だということは、誰が見ても一目でわかってしまう。

そうした友達を見つけた時、「お初！」といってその人の背中などを叩く冷やかしの発言は、指摘する方から見れば相手の反応が露骨にわかってとても楽しいことだったのである。その一言をあびるのがいやで、真新しいものを着用して初めて学校へ行く時などは、とにかく朝から憂鬱だった。学校へ着くまでも、着いてからもいついわれるか、いついわれるかと気が気ではなかったのである。

そこで、なるべく目立たぬようにというわけで、新しい運動靴などを履いた日は、学校へ行く途中でわざと泥まみれにして、「おろしたてではないよ」という雰囲気を演出してから行くということさえあった。ところが、その気がはやって、うっかり母の見ている前でそれをやってしまうと、「せっかく高いお金を出して無理して買ってやったのに、なんてことを」といって叱られてしまうこともあったから、これはタイミングがなかなかむずかしかった。

兄弟の何番目であるかということと本人の性格によっては、それほどに対応が違うのである。しかし、こうした男の子の心理はなかなか女性にはわかってもらえない。女性はやはり「きれい！」といわれてうれしくない人はいないようで、何かと目立たなければ面白くないらしい。それは、子供でも同様である。晴れ着を着た時はもちろん、通常でもきれいな服や容貌を、めざとく指摘されてうれしくない人はいない。だから、それが「恥ずかしい」などという男の子の心理は全くわかってもらえない。

それで母と子の間でぎくしゃくするのは、今も昔も変わりがない。

したがってデパートへ行くということは、こうした「お初!」といわれる要因を手に入れに行くことでもあった。だから、三男坊の喜びようは、その時点でもすでに尋常ではなかったのである。

さて、せっかくデパートに到着しても、すぐ父と母は険悪になる。その理由ははっきりしている。見たいところ、買いたいものが二人とも全く違うからである。

母の目的は子供の節目、行事に必要なものが中心で、それにはPTAや父母会に着ていく自分の服などの調達も含まれていた。したがって衣料品のコーナー、とくにバーゲンコーナーなどに目がないのは、今と変わらない。ところが、荷物持ちを兼ねてそれにつきあうのは、父にとって何よりの苦手であった。そこでたいてい「何時にどこで」と打ち合わせをして二手に分かれてしまう。後に、妹が母によくつきあえる年頃になってからは状況は一変してしまったが、それまではいつもそこでもめたものである。

父は地理の教師だったので、地図、本、文房具などに目がない。だから男の子にとっては、父のあとについて行く方がずっと楽しかった。けれども、父が独自に何か買ってくれるということはまずなかった。財布の紐だけは、常にしっかりと母が握っていたからである。

さて、こうした日の共通の楽しみはデパートの食堂での食事である。お子さまランチなどという、旗が立ったしゃれた食べ物ができて子供たちの人気を集めるようになったのはいつのことからだったろうか。まずわれわれが子供の時はなかったと思う。

一家そろって外食するなどということは、こうしたデパートへ行ったチャンス以外は皆無であった。あまり近所に食べ物屋がなかったというせいもあるが、当時は店屋物を取るということも、ほとんどなかった時代である。したがって、母の手作り以外の食事をするチャンスというのは、両親の実家である田舎に行った時を除けば、このデパートでの食事が唯一の機会であったかもしれない。そのへんが二十五歳くらい年齢の差がある、われわれの息子の世代とは全く違う点である。

今の二十代、三十代の人たちにとっては、ファミリーレストランでの食事体験は日本中共通の「子供たちの幼児体験」として、頭の中にしっかりと根づいていることだろう。

たまにこうした食事のあと、最後に玩具売り場で何かオモチャを買ってもらえることがあった。古くはブリキの自動車、消防車とかジープ、乗用車など。妹は当然、大きな人形の類である。こうした玩具以外では野球の道具とか運動にかかわる道具類が多かった。たいてい何か実用品を兼ねていたものである。

最後にデパートの食品売り場を一回りする。しかし、もう手に持ちきれないというわけで、珍味をたくさん買い込むなどということはなかった。

そうして、夕方買い物袋をいっぱいにふくらませて、意気揚々と帰ってくる。

ある年の瀬のこと。残念ながら私は同行していなかったので直接目撃したわけではなく、あとで母に聞いた話なのだが、これも三男の和久に関するエピソードを一つ紹介しよう。

彼は、今では大学で体育を教えているほどのスポーツマン。小さい頃から運動神経は抜群だった。しかし、不思議なことにたいへんな偏食家だった。ちょっと変わったおかずにはもう手をつけない。とにかく、納豆と卵だけ。ほとんどそれで育ったようなものである。それがサッカーの選手となって中学、高校と活躍し、大学時代、全国優勝を二度もするほどのチームに所属して、ポイント・ゲッターを務めるという名選手に育つなんていうことは誰も想像してはいなかった。

とにかく子供の頃は、食事といえば一人だけみんなと違っていて、いつも納豆と卵ばかりだったのである。

あの頃の納豆には二つのタイプがあった。店でも売っていたが、毎朝、誰かおじさん、おばさんが売りにくる。「ナット、ナット、ナット」という売り声が懐かしい。落語じゃないが最後の「ナットー」を伸ばして糸を引くように発音するのがよい。その売り声は、当時の朝の風物詩だった。その声が聞こえると兄弟の誰かが、お金を持って走り出す。それはたいていまだできたてで温かい。いくつか買うとそれに青海苔の粉と黄色いカラシをたっぷりとサービスしてもらえる。

その納豆は、細長い藁づとに入ったものか、経木に包まれた三角形のものか二種類の形があった。どちらもけっこう分量があったが、味はおおむね藁づとに入ったものの方がおいしかった。だからこちらを買う方が多く、納豆といえば藁づとに入った形のものとほぼ決まっていた。慣れてくると、その売り声を聞いただけで、おいしい納豆売りがきたのかどうかがわかったものである。

こうしたある日、デパートに連れて行ってもらった和久、エスカレーターで食品売り場に向かって下りて行く途中で、突然大きな声で感きわまったようにこういったというのである。

「ね、ね、お母さん、お母さん、あんなに大きな納豆があるよ」

「わたしゃ、あんなに恥ずかしかったことはないねー」と、母は今でも思い出しては笑うことがある。それは、納豆ではなかった。

藁に包まれた、荒巻鮭だったのである。

今はそう珍しいことではなく、御歳暮に荒巻鮭を一本まるごと貰うなどということはよくある。

しかし、両親とも埼玉県生まれの埼玉県育ち。北海道や東北地方には一軒の親戚もないし、父の職場も浦和が中心。したがって、当時は御歳暮に荒巻鮭を一本まるごと貰うなどということは、わが家では皆無であった。だから、鮭といえば薄い切り身しか見たことがない。

まさか「切り身のまま泳いでいる」と思っていたほど無知だったというわけではないが、一匹の姿をそのまま見るなどということは、その頃はまずなかったのだ。「北海道の人にいわせれば、あれはホッチャレといって捨てるも同然のやつで、向こうでは誰も食わないものなんだぜ」と、ずっとあとになって転勤で北海道住まいを経験することになった弟二人が口をそろえていうほど、それはしょっぱいだけがとりえの、本当の塩鮭だった。

「鮭ってやつは、なんてしょっぱいのだろう」というのが、当時の埼玉県人のいつわらざる鮭感だったのである。現在のように冷凍ものとはいえ脂が乗っておいしい、肉がほっくりとした鮭などとは当時はとんと縁がなく、われわれの口に入ることはなかった。

したがって、藁に包まれた荒巻鮭の姿などそれまで全く見たことがなかったから、その形だけで「あんな大きなナットー」といった和久もかわいいものであった。しかしその頃はもう小学校五年生ぐらい。世の中も落ち着いてきたことだし、すこし景気のいい家では、べつに荒巻鮭などそう珍しいものではなかった。

はからずもビンボー生活の一端が、デパートの真ん中の、衆目の中で暴露されることになってしまったのである。

だから、「わたしゃ、あんなに恥ずかしかったことはないねー。顔から火が出るほどだったよ」と懐かしそうに笑う、母の言葉にはしみじみとした実感がこもっているというわけである。

14　春秋二回ずつあった学芸会と運動会

小学校時代が六年、中学校時代が三年とのべ九年、一年一年と積み重ねていった子供の頃の学校生活には、どんな行事があったかを順次思い出してみよう。日々くりかえされる日常的な生活もさることながら、毎月開かれる校内大会を始め、お誕生会、とくに運動会や学芸会、修学旅行などに対する思い出が大きい。おそらく私だけではなく、誰でも人一倍これらの行事に対しては懐かしい思い出を持っていることだろう。

学芸会は今では学習発表会などという、つまらない名称となってしまっているという話も聞くが、われわれの小学生時代は、年間を通してとても大きな節目の意味を持っていた。

あの頃は、運動会も学芸会も春夏、二回ずつあったように思う。すこし前から練習に入る。するとこの本番の日がとても待ち遠しく、いよいよ当日となるととても楽しかったものである。

といっても、運動会の方はどちらかといえば苦手だった。つまり、競技に関しては運動神経に自信のない私にとってはあまり楽しい思い出は多くなかったのである。

あの頃の運動会は何かというと、速さを競う競技が多かったような気がする。そして、百メートル競争とかリレー競技などはたいてい一等、二等、三等、四等、五等のどれでも何か賞品が貰えた。一等はノート、二等以下は鉛筆、下敷き、ケシゴムなど。序列がついていたものである。

ところが最近は「競争はいけない。子供に序列をつけることは教育上望ましくない」とかいってこうはしないのだとか。そうした教育的な意義を優先するという姿勢に疑問がないわけではない。

春は五月の後半、秋の運動会となると九月末に行われることが多く、前日からの母の手作りのおにぎりやお稲荷さんに、ゆで卵などのお弁当のほか、青くて酸っぱい初物のみかんがつきものだったことが懐かしい。

運動会というと、その頃の子供たちの間では、「塗って走ると、足が軽くなる」ということでサロメチールに人気があった。その代理というわけでもなかったが、竹煮草という毒のある草の茎を折って、その汁を足に塗るなどということもよくやった。どちらも塗った瞬間、足がすうとして、なんとなく軽くなったような気がしたものである。が、もともと足が速くない私のような人にとっては、何をしてもそれほど大きな影響があったわけではない。

ところが不思議なことに百メートル競争で、はからずも一等になったことがあった。あれは小学校四年の秋のこと。こうした晴れがましい体験はあとにも先にもそれ一度きりではあったが、何にせよ、一番になるということはうれしいものである。しかし、どうしてそういうことになったのかといえば、担任の熊倉先生の温かい配慮があったからなのかもしれない。

なぜなら、通常は男の子だけだと二十五人くらいのクラスで、五人ずつ五組が早い順に上位からグループ構成をすることが多かった。そして、たいていいつもはかろうじて下から二番目のグループに入れられる。するとわずかの差で、その中ではいつも最下位か、ビリから二番目ということが多かったのである。

それがある時、先生の方針が変わったのか、それとも何かの事情があったのか。組み合わせが変わったことがあったのである。

そして本番でいざ走りだしてみると、なんとトップなのである。こうした体験はかつてないことだったので、当然、走り慣れていない。いつも前に誰かが走っていて、それを追っ掛けていくのが専門だったのだ。

だからいつ抜かれるかと不安でしょうがない。それでついつい「いいのかな」という気分で、うしろを何度もふりかえることになってしまったのである。

ところが、メンバーが私にとってはよかったのか、それがなんとトップのままゴールインしてしまったのだ。すると、たまたま見学にきていたオヤジがあとで冷やかすこと、冷やかすこと。

「カオルは、今までに一番になったことなんかないもんだから、後ろを見い見い走っていたねー」などといいつつ、それでも、ひさしぶりに息子の晴れ姿を見ることができてとてもうれしそうであった。

一方、学芸会はたいていの場合、学校の講堂でやることが多かった。が、時には遠征して、あの頃県庁の前にあった旧埼玉会館などでやったこともある。場所は今と全く同じところだが、建物や前庭の雰囲気が全く違っていた。あれは岡田信一郎という建築家が設計したという名作でとても美しい、よい建物だった。そのバランスの取れた優雅な姿を今でも思い出すことができる。

しかし残念ながら、今の新しい埼玉会館に建て変えられる時、取り壊されてしまった。昭和四十年頃のことである。その古い埼玉会館には、高校時代に同級生の演劇大会を見に行った思い出があるから、その頃はまだ健在だったのだ。昭和三十二、三年の頃のことである。

こうした学芸会の思い出としては、演技の内容もさることながら、必ずといっていいほどよく見かけたポン焚きという写真屋さんの姿が懐かしい。これは、スピグラ（スピードグラフィック）などと呼ばれる大きなカメラを手に持って、上演中の演劇の名場面を撮影する時、今でいうフラッシュの変わりにマグネシウムの粉を焚くのでそう呼ばれていたのである。

一枚撮るごとに直角に開いた金属の道具の上にマグネシウムの白い粉

を置く。そして、カメラマンが構えて構図を決め、「今だ！」という頃あいを見計らってシャッターを押す。その瞬間、真っ暗な会場がピカッと明るくなって写真が撮られる。これはシャッターを押す人とポン焚きを務める助手との二人一組で行われることが多かった。「ポンという大きな音がする」のでこの助手のことを「ポン焚き」というのだが、たいていはカメラマン志望の見習いが務めたものである。

しかし、当然のことながらこの二人の息があわないとうまくいかない。そのマグネシウムの焼けた粉が散って、ポン焚きにはやけどがつきものだったというから、たいへんな時代だった。

電球のようなものを一回ずつ使い捨てていく、今のようにぜいたくなフラッシュだとか、ストロボなどというものはなかったのである。フラッシュ電球を惜しげもなく使い捨てて、さっそうと撮影する進駐軍のカメラマンを羨望の眼で眺めた時代であった。

誰にとっても華やかな思い出が作れる学芸会のことである。だから演芸に長けた生徒にとっては、最も活躍できるまさに本当の檜舞台だった。そして、そうしたことを得意とする級友は多かった。だから学芸会で、本来、引っ込み思案の私が舞台に上がるなどということはまずめったにありえなかった。

ここでも、「引っ込み思案で恥ずかしがりや」という性格が大きく影響していたのである。だから、別になんの役にもつかず出演できなくても、そのこと自体にはなんのコンプレックスも持っていなかった。選ばれないことでいつもホッとしていたし、むしろ、何かのはずみでそういう羽目にならないように、ひたすら祈るばかりだったのである。

ところが、あれは六年生の秋の学芸会のことだったろうか。唯一、例外的に端役ではあったが出演しなければならない羽目におちいったことがある。なんという劇であったか、ストーリーも配役もすべては忘却のかなたではあるが、そんなことはもうどうでもいい。いずれにせよそれはほとんど通行人程度の端役で、誰がやってもいい、重要な役ではなかったのだが、それ故に舞台に上がらざるを得なくなってしまった。これは本人にとっては重大問題である。

なぜそういうことになったかといえば、脚本が決まって、クラスで配役を決めることになった。その時は全体で四グループぐらいに分けて、それぞれが同じ脚本で練習し、あとでそれぞれの役に最もふさわしい適任者を選んで本番の発表会に臨んでいこうというのが、担任の熊倉先生のその時の方針だったようである。しかし、その方針があだとなったのである。

当然、私のような引っ込み思案のタイプは、最初から主役に立候補する気なんか全くない。そこで、遠慮して一番つまらないと思える役を選んで志願したのである。ところが、それがまずかった。どうも先生の目には珍しく自信を持って行動している「確信犯」のように見えたのかもしれない。主役から始まって十数人、順番に決めていった時、「この役だけは」ということで、自然に選ばれることになってしまったのである。こうなってはもう逃げられない。発表会の本番のメンバーに加えられることになってしまったというわけである。

さて、学芸会の当日。これはたいへんである。朝から母親はめったにないことなのでおおいに期待して待っている。わざわざ講堂の一番前の方に陣取っているのである。そして順番がきて、とうとう劇は始まった。と、いっても登場するのはずっとあとの方。

ようやく、舞台のはじっこに遠慮がちにちょこっと姿を見せると、「あっ、出た、出た」。ことさら、指をさしていっているのが、恥ずかしながら舞台の上からでもなんとなくわかる。しかし、別にオバケじゃないのだから、そんないい方はないと思うのだが、こちらを指さすだけでなく笑うのである。全く恥ずかしいったらありゃしない。

しかし、こうしたケースはまず例外中の例外。通常は工作大好き人間であったから、学芸会の時はいつもは裏方専門。大道具作りの方を得意としていたのである。

さて、先輩も同級生も後輩も演技のうまい人は多い。鮮やかな演技を見ているとうらやましく妬ましいぐらいである。

あれはいつのことだったか、「立て板に水を流すがごとく、さらさらとー」一休さんの役だったか何かを演じた、丸田さんとかいう先輩の鮮やかな芸が今でも目に焼き付いている。

そんな私ではあったが、五年、六年頃にはなんとなく体も大きく成長してきてだんだん自分のやることに、すこしは自信がついてきた。それで、というわけでもないが、少しずつ校内大会でも活躍するようになる。とくに得意だった水泳などは、選手として浦和市民体育大会か何かにも出たことさえある。といってもなんの種目だったか出場した選手が三人ぐらいしかいなかったような気もするが。

六年生の秋になると男の子と女の子では体の大きさにずいぶん差がついてくるものである。ある時期はそろって女の子の方が大きく、強くなる。しかし、ほぼそれで成長が止まる。一方、小さかった男の子の背がどんどん伸び出す。それにつれて、結構精神状態も変わっていくのである。小さい時は四月、五月生まれとくらべると一年近くもハンディがあった三月の早生まれであっても、この頃になるとようやく成長が追いついてくるのかもしれない。

しかし、二月、三月生まれのよさは大人になってからたっぷりと味わえる。なぜなら次々と級友が一つずつ年を取っていく時、自分に番がくるのは常に一番最後の方だということである。「とにかく、あいつよりは俺はまだ一つ若い」ということは、別に女性でなくてもなんとなくいい気分のものである。

その後、引っ込み思案の性格は勉強の進展とともに中学でかなり変わった。成績もすこしずつ上がって高校だけは、まあ一番いいといわれていた進学校になんとか受かった。が、一方、天下の秀才を集めた学校でいい成績を取り続けるにはすこし力不足、努力不足だったのか。一年の前期はけっこういい成績だったのに、授業について行けずどんどん成績は落ちる一方。

それで、肝心の大学受験ではあえなく失敗を重ね、また浪人して苦労する。こうした私のような中くらいの人生も、これはこれでなかなかたいへんなのである。

15　補習、街頭テレビ、そして東大学力増進会

　小学校時代、勉強はあまり好きな方ではなかったし、成績自体もそれほどよくはなかった。いいわけがましくなるが、ふりかえってみると、これは前にもふれたが、それには不利な点がいくつかあったからではないのか、と今にして思う。何しろ誕生日が三月十四日なのである。

　この三月という生まれ月にはそれだけで多少のハンディがあるのである。たとえば誕生会。これは学校で四月から順番に月一回ずつ開催された。あの頃は、現在の子供たちのように、友達をたくさん家に招きあうなどという習慣はまず皆無であった。裕福な家同士など、一部ではやっていたのかもしれない。が、わが家程度ではまず招かれることはなかっ

た。おそらく、わが兄弟は四人とも当時はそうだったと思う。そのかわり、学級単位で毎月その行事があった。「今月お誕生の人」というわけで、何人かその月生まれの人がまとまって、同級生からの寄せ書きなどを貰って、祝福されるのである。そうした会がよく開かれたものである。ところが三月生まれの場合は、たいてい何かほかの行事でつぶれてしまい、まともに開かれたことはほとんどなかったような気がする。つまり、番が回ってこないのである。

その頃の恒例の行事には、毎年一回、担任である熊倉先生がクラスメートの家を順番に回って行き両親と会う、「先生の家庭訪問」というものがあった。その日になると先生は自転車に乗って、さっそうとやってくる。

時間とコースはあらかじめだいたい決まっている。そして、一軒の家にいるのは、せいぜい三十分ぐらい。母と父がお相手をする。「お宅のお子さんは最近、なかなかしっかりとしてきましたが、しかし、……」
などといって、帰って行くのである。
北浦和班のわが家の場合、順番は、大沢君の家の次であった。しかし
これは、先生も父兄も結構気まずい雰囲気があったのではないかと思う。
そして、官舎とはいえハモニカ長屋は貧乏たらしい粗末な住まいだった
から、父母もおそらく恥ずかしかったのではないか。それでどちらにと
っても、なんとなく都合が悪かったのではなかろうかと、今にして思う。
ところで三月生まれといえば、四月、五月生まれの生徒と比べれば、
ほぼ一年近いハンディがあるということになるのだが、その差は幼稚園
や小学校低学年の時ほど大きい。知力、体力ともにである。したがって
もともと利発な子とくらべれば、「何かと、してやられることばっかり」
というわけで、それに加えてもともとのんびりとした性格であったとい
うこともあって、ドジばっかりという状況が多かった。

「すべてに意欲がたりない……」というのが、熊倉先生が父と母にいった、私に対する率直な印象であったと思う。それほど、無欲。よく父に「カオルはいつも御夢中、三助だからなー」といわれて揶揄されたものである。たぶん、勉強も運動も音楽的なこともすべて何ごとも晩生《おくて》であることが歯がゆかったのではないだろうか。

とにかく、当時でも「附属の子」といえば、目から鼻にぬける、いわゆる「こまっしゃくれた子」は多かったから、そうしたのんびりムードは余計目立ったのだ。

しかし、それでも高学年になると、やっと成長段階がすこしは追いついてきたのか、四年、五年ぐらいになって、いくつかの得意の分野や特技の発見で、なんとか自分らしさが発揮できるようになったといえるかもしれない。

その一つは工作が得意だったこと。美術というより図工、つまり図画工作である。手先は器用な方で、何か作る工作が得意だった。だから夏休みの宿題の中では工作だけ自信があった。

その延長でよく熱中したのが、新聞作り。その功績が認められてというわけか、クラス委員の選挙では、出版委員とか編集委員というのによく選ばれた。だから小学校時代からそういう才能には定評があったのだと思う。

それは四年生の時、ガリ版で『仲よし新聞』というのを作ったことに始まる。これがやがて渡世となってえんえんと続き、その後も編集屋稼業として、給料を貰い御飯を食べさせてもらうことになるなどとは、その頃は微塵も考えたことはなかった。不思議なものである。今までの出版活動の始まりはここに原点があったのである。

したがって、それ以来と考えれば、早くもこの道五十年になった、ともいえる。これぞ、自分でいうのもおかしいが、「三つ子の魂百までも」

の典型といわずしてなんといおうか。

工作が得意だったので、夏休みの終わりは結構鼻が高かった。いくつもの作品の中でも「傑作であった」と今にして思うのは、ホウの木で卓球のラケットを作ったことである。これは、当時としてはすごくうまくできて、といっても形は月並みだったが、仕上げがうまく大いにみんなにほめられた。

これは実物が今でも机の引出しの奥に入っていて、手元に残っている。こうなると、もうこれ自体が私の守護神のようなものか。そのほか潜水艦、コッパを拾ってきて船の形にけずり帆をつけたヨット、あるいは模型飛行機など。エアプレーンなどというゴム動力で翔ぶ飛行機はキットも売っていたが、あまり買ってもらえなかった。

夏休みの宿題といえば「自由研究」というのがあった。そして、九月になると順番にその成果をクラスで発表するのである。その一つで評判がよかったのは「硬球の解剖」というものである。

これは何かといえば、高校野球の野球部の生徒が使う硬い球、つまり硬球を分解してバラバラにし、どんな構造になっているかを研究して、大きな模造紙にイラスト入りでまとめたものである。小さなコルクの芯にゴムのテープがぐるぐるとまきつけてあり、その上に毛糸や糸くず、フェルトの破片のようなものが固く固くまきつけてあり、その上を革で包んで縫い目がついていた。

この研究テーマは父の指示によるものだった。が、材料の硬球を手に入れるのは簡単だった。裏が野球場だったから、ボロボロになるまで使って、放置してある硬球が草むらからよく出てきたからである。

もう一つ。「自転車の分解」というのもやった。これは父と弟と三人で取り組んだのだが、分解するまではよかったが、もとどおりに組み立てようとして、挫折してしまった。しょうがなくて、浦高の正門前に今もある進藤自転車店に持ち込んだら、店主が「これほどひどいのは見たことがない」といって笑いながら引き取ってくれたものである。たしか、当時の金で六百円ぐらいであったと思う。

その頃の小学生の日常は、勉強に関してはまだのんびりとしたものだった。だから、ほんとうにいい時代に小学生時代を過ごせた、といっていいかもしれない。

勉強はもちろん大切ではあったけれど、まだ今のような塾などはどこにもなかったのである。

けれども、「補習」というものがあった。しかし、これとて担任の先生に放課後残されて特訓を受けたというわけではない。夏休みが始まった一週間ぐらい、そうしたことがボチボチあったかどうか、という時代であった。

むしろ、それに変わって、たとえば、東大学力増進会などという団体が埼玉大学の教室を使って補習授業をしてくれたのである。夏休み中の夏期講習はもちろん、冬休みには冬季講習というものもあったと思う。

こうした補習授業が行われた埼玉大学の教室は当時、北浦和の西口駅前にあった。今の北浦和公園、つまり埼玉県立近代美術館のあるあたりである。そこが、文理学部のキャンパスだった。その教室へ友人と何度か通った覚えがある。

この時代の思い出で、忘れられないのは「テレビとの出会い」である。文献によれば、初めてＮＨＫ技術研究所が、テレビの試験電波を流したのが、昭和二十五年の十一月。だから五年生の後半か。おそらく、これを見たのだと思う。

そして、定期的なテレビの実験放送は昭和二十七年に始まった。それは週二回、一日三時間だったという。われわれが初めてテレビというものを見せてもらったのは附属小学校の理科室であった。その日は、部屋の回りじゅうに黒い幕が下がっている。暗幕である。その真っ暗な部屋の中央にでんとテレビが置かれている。といってもその形態はかなり現在のものとは違う。まずボディはない。機械が裸のままである。

そして、大きなシャーシーの上には真空管が林立している。その真ん中に映像の映るブラウン管があった。その形が長四角で角丸の今のようなテレビの画面型ではなく真ん丸いのである。その中にやや四角に映像が写る。全体がグリーンの画面に白黒の映像。漫画映画の場面が記憶に残っている。それが、テレビというものの初体験であった。

昭和二十八年になると、NHKの東京テレビ局が本放送を開始する。すると一挙にテレビ時代が到来するのである。といっても、その時のNHKの受信契約数はわずかに八百六十六件であったという。月給三万円の時代に、十七インチのアメリカ製テレビが一台二十五万円もしたというのだから、それはしかたがなかったことなのかもしれない。

街頭テレビを見る人々

今日の一人一台、携帯テレビがあるという隆盛ぶりから見ると隔世の感がある。

しかし、その後は一挙に街頭テレビ時代に突入する。

それは、当時読売新聞の社主だった正力松太郎氏による「正力構想」が実現したからであったといわれている。その最大の見世物がプロレスの放送だった。そこで力道山を中心としたプロレスラーたちの大活躍に一喜一憂したものである。

力道山の登場する放送がある日、よく見に行ったのは、北浦和駅西口前の街頭テレビであった。その頃は今のかとれあビルがある場所に大学堂という名前の書店があった。この店はそれ以前は浦高の正門のすぐそばで開業し、最初は古本屋だったと思う。が、商売がうまくいったのか、その頃は北浦和の駅前に結構大きな店を構えていた。

当時の北浦和駅の西口駅前広場は広かったが、路面は今のようには舗装などしてなくて一面が砂利だらけ。今の埼玉りそな銀行北浦和西口支店のあるあたりは、よくサーカスの小屋が架かったものである。ただし、残念なことにわが家は一度もサーカス見物をさせてはくれなかったので、そうした小屋の中で行われた演技についての思い出はない。

さて、街頭テレビが設置された場所はこの駅前以外にもずいぶん多かった。その一つが今の浦高通りの一番街にもあった。ここでは風呂帰りに「ぴよぴよ大学」の放送をよく見た。河合坊茶とか、太った岸井明などというタレントの名前が懐かしい。

補習の方は、中学一年、二年と夏期講習、冬季講習が行われた。東大学力増進会という進学指導グループが活発な活動を展開するようになるにつれて、世間も急速に受験戦争時代に突入していく。

そうした時代へ向かう、つかの間のよき時代。それが「町に街頭テレビがあった頃」であったといえるかもしれない。

16　箱根の修学旅行で枕投げ合戦

あれは、いつ頃からのことだったろうか。これでも、教会へ通ったことがあるのである。しかし、今もってクリスチャンではない。どちらかといえば、しっかりとした仏教徒であるといった方がいい。とはいっても、別に仏教の教義とか経や仏像の蘊蓄に精通していたというわけではない。ただし、美術品としての仏像や仏教美術には人一倍興味がある方ではあるが。

わが家の父や祖父、祖母などが眠っているのは入間市二本木にある寿昌寺という寺である。そして彼らの葬儀などはすべてこの寺の和尚さんの手で仏式でやってもらっている、という程度の仏教徒なのである。

その菩提寺には先祖伝来の墓石がいくつも並んでいる。寺の名前は鶴園山寿昌寺という。鎌倉の臨済宗建長寺派の末寺という。入間市二本木の集落の上の寺である。

平成四年四月、父が八十歳で亡くなってからは、一周忌、三回忌などの法事が増え、この寺の和尚さんの経を聞く機会もぐっと増えた。

それなのに、小学生時代になぜ教会へ行くことになったのだろうか。それは、クリスチャンだった桐山先生のおばあちゃんに勧められてというのが発端だったと思う。わが母も、それで少しは落ち着きを取り戻して、私が精神的に成長し「大人になってくれればいい」と思ったのかもしれない。なにしろ、まだまだ三月生まれというハンディはたたっていて、日常生活のすべてに幼いところばかりが目だった時期であったようなので。

たしか、教会へは同じハモニカ長屋の細田君や、一番近いクラスメートである大沢君たちと一緒に通ったように思う。そして、この大沢君の両親は後に洗礼を受けてクリスチャンになった。私は列席できなかったが、親同士も交流があったので、その後、大沢君の父親が亡くなった時、葬儀に行った母がいうには、その葬儀を行なったのもこの修道院だったそうである。

ところで、最初に彼らと教会へ行ったのは小学校五年生の秋のことであった。それはたぶん土曜日の午後のことだったのではなかったか。あるいは日曜学校というものだとすれば、日曜日の午後だったかもしれない。なんとも記憶があいまいである。

通った期間は延べでどのくらいであったか。長い期間であったようにも思われる。

その教会とは、浦和区瀬ヶ崎に今もある、カトリックの聖フランソア修道院のことである。今は全くそのたたずまいは変わってしまったが、当時はフランスとかスペインの片田舎にでもありそうなしゃれた木造二階建ての建物であった。

　ずっとあとになって、全国の西洋館ばかりスケッチをするようになって画集を出したり、展覧会をやるようになってから、ほかの建物と比較してみるようになって、ますますこの頃の建物が気にいるようになった。それでわざわざ再び写生しに行ったりしたこともある。それほどいい雰囲気だったのだが、小学生の時はすこしもそんなことは思わなかった。しかも、もうこの時の建物はない。

　教会には通ったが、純粋に信仰していたわけではないので、もちろん洗礼は受けていない。けれども、日曜の午前中に行われるミサにもよく行った。そして、そのミサが終わる頃になると、パンとブドウ酒だというものが神父さんから信者にふるまわれる。とくにパンと称する、丸いウエハースのようなものを口に入れてもらう信者の人たちの行為を、不思議な思いで見つめていたものである。

その教会で、「天にましますわれらの父よ」などという祈りを覚えつつ、聖書の話を神父さんからお話してもらう。とても意義のある一時間だったのである。神父さんは何人かいたが、外国人が多かった。そして、みんな日本語が上手だった。

しかし、罰当たりなことに、神父さんがお話をしてくれている間中、こちらはとにかく眠くて眠くてしょうがない。

したがって、全く神父さんの話が頭に入らない。いつでもうわのそら。うっとりとしてばかりいた。しかし、それでもロザリオやマリア様の絵を描いたカードなどをいくつも貰ったものである。十字架にキリスト像の彫刻がついているロザリオなども「ちょっと変わった首飾り」ぐらいにしか思わなかった。とんでもない人だったのである。

そして、賛美歌などもいくつか習って歌ったはずだが、残念ながらこれも覚えていない。

そんな罰当たりな信者予備軍にすぎなかったのである。けれども、その罰当たりにはまだ先の話があった。実はこうして教会へ行くようになったことで、さらに新しい楽しみができたのだ。

それは、神父さんがよく自分で運転して乗っていたジープについてである。

神父さんが乗っていたのは、今でいうステーションワゴンというやつである。それは、山川惣治の作画による絵物語『少年王者』によく出てくる、アフリカ探検の車にとてもよく似ていた。アメンホテップという登場人物の名が記憶にある。その車のフロントのデザインはジープと同じ、だが後ろは木造風の造り。あたかも西部劇の馬車のような形をしていた。そして、その形がとてもよかった。

その頃も、同じカトリック系の教会が浦和にはもう一つあった。浦和区の常盤町にある教会のことである。この教会は新しい市役所が建てられた時、すこし奥の現在の市役所の隣に引っ越ししてしまい、建物も鉄筋コンクリートの新しいものになってしまったので、昔の面影などは全くないが、当時は国道十七号に面したところにあった。場所は今の警察署前にあるスペイン広場のあるあたりである。

その教会と修道院との間を神父さんは毎日のように車で行ったりきたりしていたのである。夕方になるとよく浦高通りをその車が通過する。車自体の交通量がとっても少ない時代だった。

浦高通りを何かの用で歩いている時にその車が通りかかると、日曜学校で顔を覚えられた小学生はそのステーションワゴンに乗せてもらえることがあった。クリスマスの時などのミサにもよく参加した。それがとても楽しみだったのである。

ところで、車の思い出といえばもう一つあった。ちょうど同じ時代。

当時の浦高には学校用として、小さな小型トラックがあった。たぶん中古のニッサンであったように思う。そして、浦高で物理担当の助手をしているという若い青年が毎日、夕方になると校庭でそのトラックを運転して、陸上競技のための四百メートルのトラックをぐるぐると何回も何回も回っては、運転の練習をしていた。

この時代は今のようにモータリゼーションの普及する前だったから、別に教習所などに行かなくても、みんなこうした形で運転技術を覚えて、試験を受けに行けば運転免許が取れたのである。

広い運動場で遊んでいる時、私たちもその小型トラックの荷台によく乗せてもらった。こうした小さな車の場合、走る時、荷台に立って運転席の屋根にしっかりと掴まる。するとせいぜい最高のスピードでも四十キロぐらいのはずなのに、これがすごくスピード感があるのである。それは怖いぐらいであった。が、この時もすごくうれしかった。

さて、話は変わって遠足のいろいろについて触れておこう。河口湖、相模湖は小学校三年生の春。

その頃の恒例の行事で忘れられないのは全校生徒で行く潮干狩りであった。これは、浦和の駅の東京寄りにあった貨物の駅から発車する。貸切り列車で行った。行く先は幕張、稲毛、八幡宿などである。あのへんは遠浅のすばらしい海岸だった。これらの駅前には農家と数軒の海の家らしきものがあっただけ。そこで着替えて海の砂地を遠くの方まで歩いて行き、鉄製の鋭い針のついた熊手で砂地を引っかきながら掘る。すると蛤やあさりがたくさん採れる。あの頃は、アオヤギなどはバカ貝といってバカにして、みんな捨てていた。貝の種類が区別がつかなくてアオヤギばかりを拾っている人は、みんなに笑われたものである。

あのすばらしき海があったあたりが幕張メッセだとか、ディズニーランドだとか、一面の住宅や高層マンション街に化けてしまうなんて、当時は全く思いもしなかった。美しい海岸だったのだ。

長瀞へ行ったのは小学校四年生の時の夏。それは林間学校というものだった。初日はケーブルカーで三峰山へ。そこの神社の宿房で大合宿。翌日、竹の皮に包まれた大きな梅干し入りのおにぎり二個が全員に渡される。それがその日のお弁当。そのお弁当はとてもおいしかった。みんな真っ白い半袖シャツを着て、捕虫網などを持ちにこやかに笑って立っている。紅顔の美少年、美少女たちの記念写真は、今でも私のアルバムに貼ってある。

しかし、この時私はドジをしてしまった。それはオヤジが大切にしていた、根掘りと称する小さなスコップを持って行って、長瀞の川原の岩の上に忘れてきてしまったのである。今なら使い捨て文化の時代だから、なんということもない話だが、当時はすべての物が貴重だった。だから、結構その失敗はあとまで、私の気分を暗くさせた。それにしても、変なことだけいつまでも覚えているものである。

さて、昭和二十七年、六年生の夏。大きな行事は臨海学校だった。行ったのは千葉県の保田《ほた》の海岸。農家一件が海の家で、そこに五泊ぐらいはしたものである。朝晩の点呼の時、私の班に一人、いつでも途中で笑いだすやつがいた。それで、態度の点か何かがいつも悪くなってしまった。その時の張本人が、今ではカナダでホンダ自動車を売る会社の社長になって大豪邸に住んでいるというから、人生はわからないものである。

この時、遠泳というのをやって、二千メートルぐらい泳いだと思う。もっとも、一番進んでいるグループは三千メートルがノルマだったので、二千メートル組というのは、第二グループということになるのだが。

その同じ年の秋、六年生の修学旅行は箱根だった。芦ノ湖の遊覧船をバックに写した写真が残っている。しかし、大涌谷とか箱根神社とか、どこへ行ったかは一つも覚えていない。にもかかわらず、夜、旅館の部屋で壮大な枕投げ合戦をしたことだけは鮮明に覚えている。消灯後の真っ暗な部屋で、ふとんに入ってはいても、なかなか寝つかれない。そのうち誰かがふざけて枕を投げる。するとすかさずお返し。あっという間に、部屋と部屋の間を枕が行ったりきたりして大騒ぎ。

これは、誰にも経験があることらしいが、とても楽しかった。その思いはみんな同じだと思う。

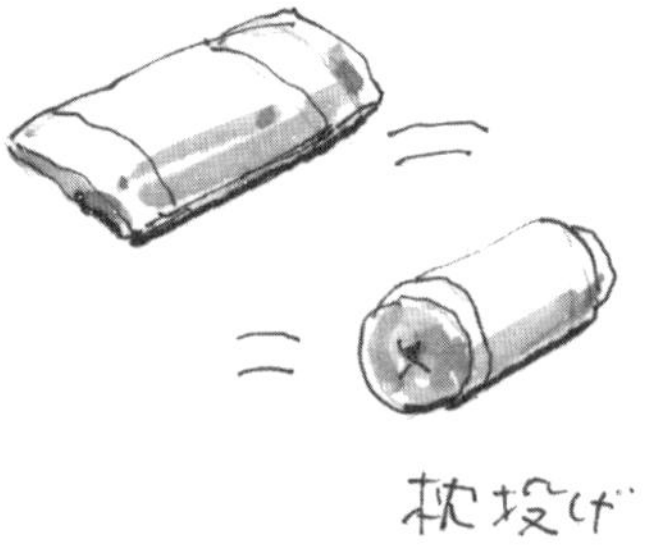

さてもう一つ、その時のエピソード。温泉地の大浴場でも悪童どもは、はしゃいで大騒ぎ。だがその中に一人だけ、ちょっと変わったおじさんが入っていた。そして、この人ばかに人なつこいのである。ふざけあってる私たち悪童どもにいろいろと口出ししてくる。小学生の方も適当にあしらったつもりで、おそらく珍妙な会

話をかわしていたのだろう。

しかし、次の日の朝になって、びっくり。なんとそのおじさん、よその学校の朝礼でたくさんの生徒を前にして、厳粛な顔つきで訓示をたれていたのである。その様子を見た悪童どもは一同そろって「ぞー？」。「昨日のおじさん、校長先生だったんだ」とびっくりしたこともあった。

ところで、担任が音楽の先生なのにあんまりにも音楽が苦手では何かと都合が悪すぎると両親が思ったのかどうか。毎週一回、のべ三ヵ月ぐらい、近所のピアノのある女の先生の家へ、大沢君と二人で音楽の理論を習いに行ったこともある。これもその頃のこと。それで、すこしずつ音符の長さの違いやフェルマータ、ダカーポなどという記号の意味がわかるようになった。それも自分に自信がついていく理由の一つになった。

さて、もう一つ、この頃の思い出で忘れられないものに「空中電車」の失敗に関する話があるので付け加えておきたい。今では死語のようなものだが、これを略して当時は「くうでん」などといった。空中を走る電車とは今の言葉でいうと懸架式のモノレールのことである。しかし、当時はまだそういう言葉は全く知らなかった。その模型を作ろうというのである。

いいだしたのは細田君。しかし、モーターが高く材料費がかかる。そこで彼がいいだした「二人で作ろうよ」という言葉にあっさりと乗ってしまった。なまじ工作好きだったのがたたったのかもしれない。

しかし、当時の私は月額五百円くらいのこづかいしか貰っていない。その貴重なこづかいを協賛金という形で出したのはいいのだが結局未完成。それであっさりと取られてしまった形になった。それでも木を削って前後のフロントの部分の真似事ぐらいは作ろうとしてみたが、なかなか思うようにはならない。しかも、肝心のモーターが買えない。結局、うやむやになってしまったのである。

しかし、そんなものでも当時の少年にとっては夢の世界の話だったのである。その後、モノレールは全国に本物が続々とできる。とくに、ぶら下がって走るタイプの懸架式も多い。たとえば上野動物園の中を走っているあれである。それを模型で作って動かそうなどということは小学生の技術では最初から無理な話であった。

同じ頃、何度か鉱石ラジオなるものを作った。これはゲルマニウムという鉱石とバリコン（バリアブルコンデンサー）それに、銅線を巻き付けて作るスパイダーコイルというものを使う。

そして、当時はレシーバーといっていた大きなイヤホーンを買ってきて、それで聞くのである。しかし、音が小さくあまりよく聞こえない。が、自分で組み立てたラジオで放送を聞くのはとても楽しいことだったのだ。

17　オヤジ校長に、北浦和の県営アパートへ

昭和二十七年七月、私が小学校六年生になって三ヵ月ほど経った時、オヤジが突然、小学校の校長に就任することになってしまった。これは、それまで平和だったわが家にとっては何よりの大事件だった。高校の地理の一教師から小学校の校長への転身。まさに百八十度の転換ではあったが管理職試験は受けていたらしい。したがって、オヤジの浦和高校の教師としての在職期間は、昭和十七年十月三十一日から、二十七年六月三十日まで、約十年間だったことになる。

それにしても時代がよかったのではないかと思う。先輩の多くは戦争に駆り出されたわけだから、年頃の教師は人材不足になっていたのでは

なかろうか。

しかし、管理職試験を受けていたようだが、教頭の経験抜き。それがたたってか、二年後、降格の形で中学校の教頭を経験することになる。理由はよくわからないのだが、どうもその頃、北浦和地区を牛耳っていた市議会議員を務めるボスとの折り合いがあまりうまくいかなかったらしい。それで飛ばされたのだという説もある。そして、オヤジよりはるかに年上の教頭さんともやはりあまりうまくいかなかったと聞いている。

しかし、そのおかげで人間にすこしは幅が出たのかどうか。これも二年ぐらいで土合中学校の校長に返り咲いた。そして、その後は木崎中学校に代わりさらに蕨市や戸田市の中学校長を歴任し、六十歳の定年まで、約二十年近く務めあげたのだから、まあたいしたものではあると思う。

けれども、その後の話はまだあとのこと。まさに、この時の校長就任話は「青天の霹靂《へきれき》」という形容がぴったりの出来事であった。

なぜ父に白羽の矢が立ったのかといえば、昭和二十七年六月頃に起きた「ＰＴＡ会費行方不明事件」というのが関係があったらしい。父が赴任することになった北浦和小学校で、ＰＴＡ会費の決算の不透明事件があったのだ。そして、その幹部が全取り換えされるということになったようなのである。そうした生臭い事件の起きた学校長の後任には、「新鮮な若い人を」という方針があったのかどうか。正確なことはわからないのだが、突然、白羽の矢が立ったというわけである。

その時、父はまだ四十歳であった。まさに、今の時代では考えられない。若い校長の誕生だったのである。その限りでは、父はついていた。しかし、苦労知らずには必ずしもいいことばかりは続かない。

そして、これを潮時に、わが家の生活も一変してしまう。まず、第一にしなければならないことは引っ越しであった。なにしろ、いくらボロボロの長屋であったとはいえ、ハモニカ長屋は浦和高校のキャンパスの中にあった、れっきとした教員住宅であったのだ。だから勤務先が変わったとなれば、そういつまでも住んではいられない。

本来なら、新しい職場に着任する前日までには引っ越しして、きれいさっぱりと明け渡すのが筋なのだ。しかし、転勤はあくまで突然の話。だからなんの準備も事前にはしていないのは、やむを得なかったのである。

父としては住居に関してはずいぶんと焦ったようである。しかし、事態はそう簡単ではなかったのだ。八方手を尽くして探したようなのだが、なかなか適当な新しい住まいが見つからない。当初はハモニカ長屋から新しい職場に出勤していった。

そんなことで往生していた時に、新しい家探しに骨を折ってくれたのが、中山優太郎君のお母さんである。中山家はすでに、その後わが家が引っ越すことになる北浦和の県営アパートに住んでいた。その中の住人の一人、織田さんという人が住んでいた一室が空きそうだというのである。その耳寄りな情報をもたらし、斡旋の労を取ってくれたのが中山夫人だった。

しかも、その北浦和の県営アパートはハモニカ長屋と比べれば、当時としてはきわめてモダンな鉄筋コンクリート三階建ての建物だった。

わが家は二棟あるうちの南側の棟で、一棟には四つの階段がある。階段は縦に六軒が昇り降りする構造。その同じ一つの階段を六軒の家が共同使用しているということになる。そして、その一棟には延べ二十四世帯の家族が住んでいたのだが、その東から二番目の階段を上がった二階がわが家で、二軒が鉄のドアで向かいあった東側の位置にある方だった。

間取りは鉄のドアを開けて入ると、すぐ六畳と四畳半の畳のある部屋が二つ襖で仕切られて続いている。それに三畳の板の間。この四畳半の部屋と三畳の板の間が南に面していた。が、ベランダはなかった。ほかに台所とトイレがあったが、浴室もなかった。入浴は近所の銭湯へ通うのである。

けれども、「今度のアパートには洗面所があって、水道の蛇口が三つもついている」というのが、われら六人家族全員の満足すべき大感激事項だったのである。しかも、トイレは水洗であったから、ハモニカ長屋の「おつり」のくる臭ーい便所から考えれば、その設備のすばらしさは夢のような話だったのだ。

このアパートは今でも全く同じ場所にある。とはいえ、建物は全く新しいものに建て変わった。浦和区北浦和二丁目九十五番地というのが、その住所である。昭和四十三年秋に結婚した時、本籍をここに移したので、今でも何かとこの所番地には世話になっている。私の家族とは切っても切れない縁があるのである。

このアパートの部屋の中には、今から思えば珍妙な設備もついていた。

ダストシュートなるものもあったのである。が、これは使い勝手がとても悪い。台所からゴミを直接投げ捨てると、ストレートに下まで落ちるという一見便利なシステムである。しかし、生ゴミなどを捨てると、下にたたきつけられてつぶれ、あとの始末がすこぶる具合が悪い。そこで、各世帯がほとんど使わないうちに、申し合わせで「使用禁止」となってしまったという、いわくつきの設備であった。初期の団地式のモダン住宅にはよくついていたものであるが、どこでもこの設備の評判はすごく悪かった。

もう一つの欠点は、まだ電気洗濯機が普及する前だったので、その置き場がなかったことである。そのかわり、人造石の研ぎ出しの大きな洗濯槽というものがついていた。洗濯はそこで洗濯板を使って手洗いでするという時代だったのである。三種の神器などといって電気洗濯機とテレビ、それに冷蔵庫などが普及するのはもうすこしあとの時代のことなのだ。

わが家が入る前の住人の織田さんという人は胸の病であったとか。それで、消毒するのがたいへんだったと後に父に聞いたことがある。けれどもその詳細を私は知らない。

この年、昭和二十七年といえば、結構世の中は騒然としていて気になる大事件が多かったようである。年表を見ると「日米安保条約の発効」。「血のメーデー」。「明神礁の爆発」。「ボクシングの白井義男選手が王座に」。そして「荒川放水路バラバラ殺人事件」などの項目が目につく。

ラジオドラマ「君の名は」は、その時間の女湯を空っぽにしたという伝説ができたほどヒットした。「立太子礼」もこの年。そして忘れられない「もく星号の三原山墜落」という大事件があった。

やがて附属中学校に進学し、このアパートから電車で通うことになる。白いズックでできた横背負いのカバンを肩からかけて。

　コースは歩いて七分で、北浦和駅までまず行く。それから電車で一駅。浦和駅で降りて別所沼のほとりの附属中学まで歩く。全体で五十分ぐらいの道のりだった。

　その、北浦和の新しいアパートへわが家が引っ越ししたのは十月になってから。だから三ヵ月ぐらいは、まだわが家族はハモニカ長屋に住んでいたことになる。

　家族構成は六人。父と母と私、二男の潔、三男が和久、末っ子だが長女の麗子というのがメンバーだった。

　そして和久と麗子はまだ五歳と三歳。中山道添いにあった運送屋さんが、引っ越しをしてくれた。といっても、荷物を運んだのはトラックではない。馬方が大きな荷車を引いた馬の手綱を取ってゆっくりと歩く馬車でであった。

　その荷台にタンスを始め、二本木から持ってきた家財道具一切を載せて。まだ、あれからたいして荷物は増えていなかった。

馬方が手綱を持って、細い道をゆっくりゆっくりと歩いて行く。その荷台にちょこんと下の二人が後ろ向きに座って乗っている。そのあとから着いていく私たちと向かいあう格好になった。それが足をぶらぶらさせながら目の前にいる。その足元には黒と真っ赤な小さな長靴が二足。その二人の姿がとても可愛らしかった。

その後ろから母と、潔と私がぶらぶらと歩いてついていった。父は別行動だったように思う。浦高通りを通り越して、北浦和小学校の脇から北浦和の住宅街を抜けて、路地をゆっくりと歩いて行ったものである。

今では考えられないほどとてものどかな引っ越し風景だった。

昭和二十年の秋に元狭山村の疎開先からハモニカ長屋に引っ越ししてきて以来、早くも満七年が経ってしまった。住み慣れた懐かしいハモニカ長屋からの引っ越しであったのである。

この家で荷台に乗っている弟の和久と麗子の二人が生まれた。思い出のいっぱいつまった懐かしいわが家であった。

そして、その引っ越しの日は天気がとてもよかったから、日が暮れてくる頃には空には真っ赤な夕焼けが一面に広がっていた。その中を歩いて行く珍妙な行列のわが家族が作りだすシルエットがとても美しかった。

こうして、新居での新しい生活が始まったのである。

六年生の修学旅行、卒業式、中学校への入学式などは、みんなこの新しい県営アパートから出かけて行って参加したのである。

ハモニカ長屋《ながや》の頃《ころ》　―昭和二十年代の北浦和―

2016年２月15日　初版第１刷発行

著　者　田中《たなか》　薫《かおる》

発行所　株式会社　さきたま出版会
〒336-0022　さいたま市南区白幡3-6-10
電話 048-711-8041　振替 00150-９-40787

印刷・製本　関東図書株式会社

KAORU TANAKA © 2016　ISBN 978-4-87891-427-0　C0095